全民阅读体育知识读本

U0723843

乒乓球——桌子上的网球

盛文林/著

台海出版社

图书在版编目（CIP）数据

乒乓球：桌子上的网球／盛文林著．－－北京：台海
出版社，2014.7

（全民阅读体育知识读本）

ISBN 978－7－5168－0413－1

Ⅰ.①乒… Ⅱ.①盛… Ⅲ.①乒乓球运动－基本知识
Ⅳ.①G846

中国版本图书馆 CIP 数据核字（2014）第 174914 号

乒乓球：桌子上的网球

著　　者：盛文林	
责任编辑：侯　玢	装帧设计：视界创意
版式设计：林　兰	责任印制：蔡　旭

出版发行：台海出版社

地　　址：北京市朝阳区劲松南路 1 号　　邮政编码：100021

电　　话：010－64041652（发行，邮购）

传　　真：010－84045799（总编室）

网　　址：www. taimeng. org. cn/thcbs/default. htm

E－mail：thcbs@126. com

经　　销：全国各地新华书店

印　　刷：北京一鑫印务有限公司

本书如有破损、缺页、装订错误，请与本社联系调换

开　　本：655×960　　　1/16

字　　数：130 千字　　　　　　　印　　张：12

版　　次：2014 年 10 月第 1 版　　印　　次：2021年6月第3次印刷

书　　号：ISBN 978－7－5168－0413－1

定　　价：29.60 元

前　言

乒乓球因声得名，是所有体育项目中最形象的叫法。在日本乒乓球被称为"桌球"，而国际乒联则一直沿用"桌上网球"的名称，英文亦为"Table Tennis"。

现代乒乓球运动大致在清朝末年传入中国。由于该项运动具有简单、易操作等特点，迅速在中国大地上传播开来。如今，乒乓球已经成为中国的国球。任何一项世界性的乒乓球比赛，如果没有中国选手参加，必定会让人感到索然无味。

乒乓球在中国深受国人的喜爱。只要有乒乓球台的地方，就能看到各个年龄段的人群：老年人、中年人、青少年以及儿童在打乒乓球。乒乓球运动在中国的普及性是大部分体育项目所无法比拟的。

乒乓球运动有一个显著的特点，即速度快、变化多，因而素有"聪明人运动"之称。经常参加乒乓球运动，可以全面改善神经系统、运动系统和心血管系统的机能，增强体质。同时，通过乒乓球运动，还有助于培养人们，尤其是青少年朋友勇敢顽强、机智果断的优良品质。因此，应该积极推广乒乓球运动，提倡全民参与打乒乓球运动。

那么，怎样让多的人加入到乒乓球爱好者这一群体中来呢？这并非一朝一夕之事。

为了让更多的人了解这项运动，我们组织编写了这本《桌子上的网球——乒乓球》。

由于知识水平有限，书中难免会出现一些谬误和不足，在此恳请广大读者批评指正！

目　录

PART 1 项目起源

现代乒乓球运动起源于何时何地，历来说法不一。一般认为，现代乒乓球起源于英国，不过在英国式的乒乓球兴起之前，世界各地都曾流行过类似乒乓球的运动。这种状况也在一定程度上促进了现代乒乓球运动的推广。

现代乒乓球的起源

关于现代乒乓球的起源，最流行的说法是乒乓球源于英国。乒乓球在英文中为"Table Tennis"，即"桌上的网球"。说明乒乓球运动是从网球运动演化而来的。而"乒乓"一词，则是会其声而来（打球时发出的响声）。

关于乒乓球运动的产生，还有一段趣话。19 世纪末的一天，伦敦天气酷热。有两个青年到一家饭店吃饭，他们在一个小单间里吃得汗水直流，热不可耐，于是就拿起桌上的雪茄盒盖子当扇子扇。

饭后，一个青年又从地上捡起一个酒瓶上的软木塞子，用雪茄盒盖子当球拍，和同伴一起在桌上模仿网球对打起来。后来，他们觉得

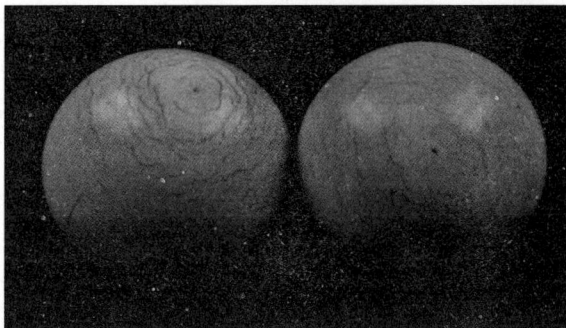

象牙做的乒乓球

这项活动挺有趣，比打网球方便得多，于是就介绍给其他人。

就这样，"桌上的网球"很快在英国流行起来了。当地人用一种拍面上蒙着动物皮的像缩小的网球拍那样的拍子，代替了雪茄盒盖子，用硬而轻的胶质实心球代替了软木塞。

随着这项活动的开展，人们又进一步改进球拍，做成一种木质有长柄的梨状球拍，拍面上覆盖着软木或牛皮纸。这样打起来虽比那种小型网球拍顺手了，但是摩擦力仍很小，不能产生强烈的旋转，只能推挡和直扣，技术、战术都很简单。

1890 年前后，英格兰一位退休的越野跑运动员詹姆斯·吉布，从美国带回了作为小孩玩具的赛璐珞球，用它代替了胶质实心乒乓球。这种赛璐珞球分量极轻，弹性又好，选手们打来得心应手，攻防技术充分发挥，比赛更为精彩，使乒乓球运动在世界各国受到广泛的欢迎。

美国人海亚特发明了一种空心球，触拍、触桌时发出"乒乓"的声音。英国一家体育用品公司用"乒乓"二字作为商标登记。1891 年英格兰人查尔斯·巴克斯特将乒乓球作为商业专利，申请备案，获得了 19070 号专利许可证。

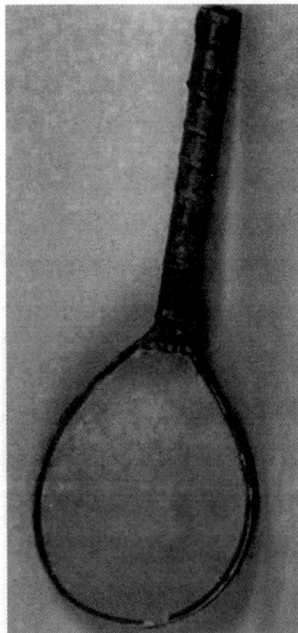

早期的乒乓球拍和网球拍
十分相像

后来，英国人古德发明了胶皮拍，才使乒乓球运动前进了一大步。古德先生的这项发明也是偶然获得的。1903 年的一天，他在参加伦敦乒乓球赛后回家的路上，感到头痛，就走进一家药店去买药。当他走进柜台时，偶然看见了找零钱的胶皮盘子，顿时联想到自己的乒乓球拍子。

于是，他就买下了那个胶皮盘子，着手改革球拍。第二天，他拿着新式的球拍继续参加比赛。结果对手很不适应，没打多长时间就被古德打败了。此事轰动一时，胶皮拍子不胫而走，很快传遍了英国，也传到其他国家。

1920 年，英国人库特发明了圆柱型颗粒的胶皮拍，这种球拍摩擦力和弹性都比木质的强，可以打出旋转的削球和拉球，促使乒乓球技术、战术进一步发展，越来越接近今天的乒乓球运动。

美洲近代乒乓球的兴起

1800 年前后，美国一个体育用品制造商别出心裁，发明了一种叫做"室内网球"的游戏，想在美国推广，但遭到了冷落。制造商不甘心，把它转到伦敦代理商那里，这种游戏便在英国流行起来，人们将餐桌拼在一起，中间拉网对打，因而称之为"桌上网球"。当时的球用软木或橡胶制作，外裹棉线以防止被拍击坏。几年之后，空心球诞生了，桌上网球开始走向全世界。

另一种说法是，乒乓球源于南美洲。据说，印第安人用橡胶树的汁液做成实心球，晾干后重量轻、弹性好，称为"马卡瓦"，在当地很流行。后来，"马卡瓦"由哥伦布或其他探险者带回欧洲，并逐渐传开。

PART 2 历史发展

世界乒乓球运动的发展

1926 年，国际乒乓球联合会正式成立，并决定举行第一届世界乒乓球锦标赛。80 多年来，乒乓球运动的发展大约经历了三个阶段。

匈牙利时代

早在 1903 年，英国人古德发明了胶皮球拍，有力地促进了乒乓球技术的发展。从 1926 年到 1951 年，世界各国选手大都使用表面有圆柱形颗粒的胶皮拍。击球时增加了弹性和摩擦力，可以使球产生一定的旋转，因而出现了削下旋球的防守型打法。

这一打法在欧洲流行长久，不少运动员采用这种打法获得了世界冠军。这一时期乒乓球运动的优势在欧洲，其中匈牙利队成绩最突出，在 117 项次世界冠军中，获 57 项次，占欧洲队的一半。但这种球拍只能以制造下旋为主，人人皆此，磨来守去，即使夺得了冠军也毫无意义。

这一阶段，运动员击出的球速度慢，力量小，谈不上什么旋转；打法也单调，只是把球推来推去。唯一值得称道的是 1936 年的布拉格第十届世界乒乓球锦标赛。

1936 年，第十届世界乒乓球锦标赛在匈牙利布格拉举行，大赛中出现了令人惊叹的局面。男子团体冠军争夺赛，在罗马尼亚和奥地利两队之间进行，比赛从星期天 21 时开始。熟料双方派出三名削球手，由于打法相同，双方水平又接近，且都用了蘑菇战术，不肯轻易挑板，企图从对手的失误中取胜。

比赛进行到凌晨 3 时还是 2∶2。当地规定，公共场所必须在 3 时关闭，惹来了警察干涉，最终耗时 31 个小时奥地利队才以 5∶4 获胜。

日本一枝独秀

20 世纪 50 年代初，奥地利人发明了海绵球拍，日本运动员首先在世界比赛中使用，并一举夺得第十九届世界锦标赛的四项冠军，打破了欧洲运动员的垄断地位。由于日本运动员利用这种球拍创造的远台长抽进攻型打法，具有正手攻球力量大，速度快，发球抢攻威胁大等优点，因而速度慢、旋转弱、攻击力不强的欧洲防守型打法被逐渐取代，使日本夺得了 20 世纪 50 年代乒乓球运动的优势。从 1952 年到 1959 年，在 49 项次世界冠军中，日本队夺得 24 次项次，占 47%。这是乒乓球运动水平的第一次大提高。

中国独领风骚

1959 年，容国团获得了第二十五届世界乒乓球锦标赛男子单打冠军，中国运动员开始登上了国际乒坛。逐渐形成了以"快、准、狠、变"为技术风格的直拍近台快攻打法。

在 1961 年的第二十六届世界锦标赛中，中国队既过了欧洲关，又战胜了远台长抽加秘密武器——"弧圈球"打法的日本选手，第一次夺得了男子团体世界冠军，并连续获得第二十七、二十八届男子团体冠军。

中国近台快攻的优点是站位近，速度快，动作灵活，正反手运用自如，比日本远台长抽打法又大大前进了一步。20 世纪 60 年代，中国乒乓球技术水平位于世界最前列，乒乓球运动的优势由日本转移到中国。这是乒乓球运动水平的第二次大提高。

在日本、中国乒乓球运动发展的同时，欧洲运动员从失败中总结经验教训，经过近 20 年的努力，终于取日本弧圈球技术和中国近台快攻打法之长，创造出适合于他们的先进打法，即以弧圈球为主结合快攻的打法。代表人物是匈牙利的克兰帕尔和约尼尔。

容国团获得第二十五届世界乒乓球
锦标赛男子单打冠军

以快攻为主结合弧圈球的打法，是以正反手快攻为主要技术，用反手快拨快攻力争主动，以正手拉弧圈球寻找机会扣杀为得分手段。代表人物是瑞典的本格森、捷克的奥洛夫斯基等。

这两种打法的特点是放置较强，速度快，能拉能打，低拉高打，回旋余地较大。乒乓球运动又推进到放置和速度紧密结合的新高度。这是乒乓球运动水平的第三次大提高。

20 世纪 70 年代以来，由于国际交往和学习研究的加强，各种打法互取长短，使乒乓球技术得到了更快的发展和提高。比如，我国近台快攻、直拍快攻结合弧圈球、横拍快攻结合弧圈球等打法和技术，均有所发展和创新，在国际比赛中取得了优良的成绩。

现在，乒乓球已发展成为各国人民喜爱的运动项目之一。国际乒乓球联合会亦已拥有 186 个会员协会，是世界上较大的体育组织之一。由国际乒联和各大洲乒联举办的世界锦标赛、世界杯赛、洲际比赛及各种规模和形式的国际比赛种类繁多。

中国乒乓球运动的发展

现代乒乓球传入中国

中国乒乓球运动是从日本引进的。20 世纪初叶，日本明治维新之后不久，日本许多工商业者纷纷到中国沿海城市设立商业机构，把大量的商品推销到中国市场。于是，乒乓球运动也随着商业的交往以及日本工商业的频繁往来传入中国。

乒乓球传入中国约在清朝光绪三十年，也就是1904年。据说，上海有一个叫王道平的人，他是四马路（即今福州路）一家文具店老板，他经常到日本去采购一些新颖的文具用品。一次，他看到日本人正进行一场乒乓球赛，觉得这个活动非常有趣，又不需要很大的场地，只要一张桌子、球和拍子，于是他就采购了一些乒乓器具回国，陈列在商店里。

但是，当时中国人并不了解它的用处，更不知道它的打法，因此销路不好。于是、聪明的商人开始亲自在店里打球做表演，这一下吸引了很多顾客前来观看，有的甚至也挥拍上阵一试身手。从此以后，乒乓球开始在上海流行起来。

近代的发展历程

1916年，中华全国基督教青年会上海分会童子部设立了我国最早的乒乓球房，配备了9张球台，很多青年学生经常去那里参加乒乓球活动。之后，乒乓球逐渐在北京、天津、广州等几个大城市开展起来。

1918年，上海乒乓球联合会宣布成立。从此，乒乓球在中国不仅作为一项娱乐活动，并开始成为一种技能、体力的比赛。

1925年，在上海举行了中华队与旅华日侨之间的秋山杯比赛。1927年和1930年，中国曾派出乒乓球选手参加了第八、九届远东运动会乒乓球赛。因技不如人，团体和个人赛均告失败。

1935年，中华全国乒乓球协进会在上海成立，乒乓球开始在中国被列为正式的体育项目。

1935年1月，国际乒联主席蒙塔古先生曾电邀中国加入国际乒联和参加第九届世界乒乓球锦标赛，由于经费无着，只好放弃。

民国中期，某高校的学生在打乒乓球

飞速发展时期

1949 年中华人民共和国成立以后，在人民政府的重视和关怀下，中国的乒乓球运动得到了较快的发展。1952 年 10 月在北京举行了第一次全国乒乓球比赛。与此同时，中华全国体育总会乒乓球部加入了国际乒联。

中国乒乓球队自 1953 年开始建立起，经历了一个从失败到胜利、由弱小到强大的发展过程。1953 年春，中国乒乓球队首次参加了在布加勒斯特举行的第二十届世界乒乓球锦标赛。在团体比赛中，男队获得了第一级第十名，女队获得第二级的第三名。

1956 年 3 月，中国乒乓球队在东京第二十三届世乒赛中，男队比赛成绩上升为第一级第六名，女队由二级队升为一级队。

1957 年在斯德哥尔摩的第二十四届世乒赛中，中国男、女队分别战胜了罗马尼亚、英国等强队，初步显示了中国式近台直拍两面攻和左推右攻打法的威力。男队由第一级的第六名升为第一级的第四名，女队由第一级的第十一名升为第一级的第三名，取得了较好的成绩。

1959 年，中国乒乓球队取得了历史性的突破，在第二十五届世乒赛上，容国团过五关斩六将，夺得了男子单打世界冠军。整个中国乒乓球队也以跃进的姿态夺取了 5 项第三名，有 6 名男队员进入男子单打前 16 名，这标志着中国乒乓球队已进入世界强队的行列。

20 世纪 60 年代初，中国乒乓球队吹响了向世界乒乓球运动技术高峰全面冲击的号角。利用在北京举行的第二十六届世乒赛的有利时机，将全国 108 名优秀的乒乓球选手调到北京，进行集中训练，从中选出 70 名男女选手组成平均年龄只有 21 岁的中国乒乓球队，队中既有酷似日本队主力队员打法的弧圈球选手，又有类似欧洲稳固防守打法的削球手，而主力队员则大多为中国式直拍近台快攻打法的选手，在第二十六届世乒赛中，充分显示了实力，首次夺得了男子单打冠军以及 4 项第二名和 8 项第三名。

中国乒乓球队在第二十六届世乒赛上的战绩，有力地推动了全国乒乓球运动的蓬勃发展。第二十六届世乒赛后，乒乓球成为中国的"国球"，迅速在全国普及。中国成为世界上打乒乓球人数最多的国家。中国创立的直拍近台快攻，成为 20 世纪 60 年代较为先进的打法。

1963 年布拉格第二十七届世乒赛中，中国队取得了男子团体、男子单打、男子双打 3 项冠军，2 项第二名，7 项第三名，保持了领先地位。两年后，中国乒乓球队在第二十八届世乒赛中，男、女队共获得 5 项冠军，5 项第二名，6 项第三名，创造了中国队有史以来的最好成绩。

国际上普遍承认中国是"世界头号的乒乓球运动强国"。据不完全统计，第二十八届世乒赛后，全中国有近 9000 万人不同程度地参加了乒乓球运动。

1965 年以后，由于历史的原因，中国乒乓球队没有参加第二十九、第三十届世乒赛。进入 20 世纪 70 年代后，由于各国乒乓球技术的迅速提高，尤其是欧洲乒乓球技术打法的创新和发展，使力量对比发生了很大的变化，1971 年至 1979 年，中国乒乓球队在第三十一至三十五届世乒赛中，共取得男子团体冠军 3 次，男子单打冠军 1 次，男子双打冠军 1 次，女子团体冠军 3 次，女子单打冠军 3 次，女子双打冠军 3 次，男女混合双打冠军 3 次，占 5 届世乒赛冠军总数的 48%。

表面上看起来成绩还算可以，而实际上已无优势可言。因为在代表乒乓球运动水平的 3 个男子比赛项目中，中国获得了 5 次冠军，只占冠军总数的三分之一。尤其是 1979 年第三十五届世乒赛上，中国队获得了女子团体，女子单打，女子双打和混合双打冠军，3 个男子项目的冠军皆被外国选手夺走。这一次男队的全面失利，引起了中国乒乓球界的震动。

中国乒乓球队根据世界乒乓球运动的发展趋势，在保持和发扬直拍快攻打法特长技术的前提下，开始学习和掌握适当的旋转技术，力求达到以速度为主，辅以旋转，争取在比赛中做到能快攻则快攻，不能快攻则以一定速度的旋转与对方相持，然后再转为快攻，发挥速度，这在一定程度上增强了快攻打法的技术实力。

与此同时，中国乒乓球队大胆启用新人，较好地完成了新老队员交替，1981 年在诺维萨德举行的第三十六届世乒赛上，中国队获得了全部比赛的 7 项冠军和 5 个单项的全部亚军。也就是说，这一届世乒赛 5

个单项比赛的最后决赛都是在中国运动员之间进行的。这一成绩创造了世乒赛历史上前所未有的纪录。

在以后的 3 次世乒赛中，中国队每次均获 6 项冠军，使中国队重新回到了世界乒乓球运动"超级大国"的地位。

1988 年，乒乓球首次被列入奥运会正式比赛项目，在所设的 4 项比赛中，中国队获得了男子双打和女子单打 2 枚金牌，而男子单打和女子双打的金牌被东道主韩国队夺得。

乒乓球运动自从进入了奥运体育大家庭后，引起了世界各国的高度重视。欧洲选手又经过一段时间的失败挫折后，打法已趋成熟，技术更加全面，而中国队则在长期的胜利中隐藏了失败的因素。

中国传统的直拍近台快攻打法没有重大的革新，关键技术缺乏重大突破，因而技术与打法的发展相应缓慢。1989 年在多特蒙德举行的第四十届世乒赛上，中国男队卫冕失利，以 0∶5 的悬殊比分输给了打法先进、富有朝气的瑞典队。

接着，在男子单打、男子双打和混合双打的决赛中，都没有了中国选手的身影。虽然最后女队捧回 3 座奖杯，保住了优势，但男队则连半个冠军也没捞到，这是中国乒乓球队 30 年来败得最惨的一次。

1991 年，在日本千叶县举行的第四十一届世乒赛上，中国队获得女子单打、女子双打、混合双打 3 项冠军。女子团体 2∶3 输给了朝鲜联队，屈居亚军。男子团体以 2∶3 败给了捷克斯洛伐克队，接着又 0∶3 输给朝鲜联队，仅获第七名，跌入了历史的低谷。

四十一届世乒赛后，中国乒乓球队进行了认真的总结，认识到必须坚持"唯有创新，才有出路"的方向。继承和发展多种打法，将传统的直拍正胶打法在反面贴上反胶进行技术改进。横拍全攻型打法力求在速度、节奏变化及前三板上有所突破，同时具备自己的特色。

在继承传统的快速、多变、灵活的技术风格特点的基础上，要求技术全面、特长突出、没有明显的漏洞；既有速度又有旋转，以速度为主；既能在近台作战，也能在中远台相持，以近战为主；正反手都能进攻，以正手为主的技术发展方向。

1992 年，中国乒乓球队经过励精图志、顽强拼搏，在第二十五届奥运会乒乓球比赛中，摘取了 4 个比赛项目中的 3 枚金牌，使处于逆境中的中国乒乓球队看到了曙光。

1993 年，在第四十二届世乒赛上中国队获得了女子团体、男子双打、女子双打、混合双打 4 项冠军，并获得男子团体、男子双打、女子双打 3 项亚军和 4 个第三名，成绩开始回升。

1995 年，第四十三届世乒赛在中国天津举行，中国乒乓球队充分利用了这一天时、地利、人和的大好时机，以敢打必胜的气概、顽强拼搏的精神、扎实熟练的技术、周密细致的赛前准备，创造了第二次包揽世乒赛 7 项冠军的奇迹。

1996 年，中国乒乓球队乘四十三届世乒赛之勇，在亚特兰大奥运会上又创辉煌，取得了 4 金 3 银的大满贯战绩，为全世界所瞩目。

1997 年，中国乒乓球队在英国曼彻斯特举行的第四十四届世乒赛上，再次获得男子团体、女子团体、男子双打、女子单打、女子双打和混合双打 6 项冠军，依然保持了优势……

截至 2009 年 5 月 5 日结束的日本横滨世乒赛，中国队共参加了 31 届世乒赛，夺得 112.5 块金牌（其中 1977 年女双冠军与朝鲜选手合作获得）。而在 2008 年的北京奥运会上，中国乒乓球队包揽所有金牌，而奥运会

2008 年北京奥运会，中国队包揽男单前三名

自 1988 年接纳乒乓球为正式比赛项目以来产生的 24 块金牌中，只有 4 枚为非中国选手所得。一支运动队能取得如此辉煌的成绩，在国际乒坛和中国体坛实为首屈一指，在世界体坛也堪称奇迹。

而乒乓球的"国球"地位，还不仅仅因为中国乒乓球队成绩卓著，更在于创造了不少精神财富，一次又一次激起人们的爱国热忱，鼓舞着亿万民众发奋振兴中华。

世界残疾人乒乓球运动的发展

　　最初的残奥会乒乓球比赛残疾类别设项只设脊髓损伤一种，后来逐渐增设了其他类别：1976 年在多伦多举行的残奥会上，增加了截肢者以及其他残疾运动员参加的站姿项目；1980 年又增加了脑瘫运动员；1998 年国际残疾人委员会组织的法国巴黎乒乓球世界锦标赛上，智障运动员被允许参赛；2000 年悉尼残奥会上，智障运动员首次被允许参赛。

　　第一个残疾人乒乓球分会成立于 20 世纪 70 年代，隶属于当时的国际斯托克·曼德维尔运动联合会，仅负责轮椅运动员赛事。随着 1976 年站姿运动员和 1980 年脑瘫运动员的参赛，各种类型的乒乓球分会进行了联合，由此实现了单项乒乓球委员会——国际残疾人乒乓球委员会的形成。

　　为此，国际残疾人乒乓球委员会被称为其他各类残疾人体育联合会的先驱。在国际协调委员会的支持下，国际残疾人乒乓球委员会于 1988 年汉城残奥会上正式成立。

　　残奥会乒乓球开展比较好、技术水平比较高的国家主要在欧洲。像德国，它是迄今为止获得残奥会乒乓球金牌最多的国家，其他国家还有法国、奥地利、英国、荷兰、瑞典、瑞士、美国、韩国、以色列等。

　　近年来，残奥会乒乓球项目上了一个大台阶，有了很大的发展，有超过 2300 名运动员参加了第十二届残奥会选拔赛。在 2004 年的雅典残奥会上，来自 41 个国家和地区的 254 名运动员参加了本届残奥会乒乓球赛。

　　在整个比赛中，轮椅和站立的不同级别一共有 28 个项目，来自世界各地 21 个国家和地区的残奥会代表团获得了奖牌，奖牌分布国家之多显示了乒乓球运动的影响之广。这届残奥会的乒乓球比赛还吸引了众多达官贵人观赛。如瑞典的塞尔维亚女王和维多利亚女王储、西班牙索菲亚女王和艾娜公主、挪威露伊丝公主、比利时菲利普王储和玛女是德公主以及约旦拉宾兹王子。

比赛的最后两天，国际乒联主席沙拉拉亲临赛场并参加颁奖仪式，以示对残奥会的支持。

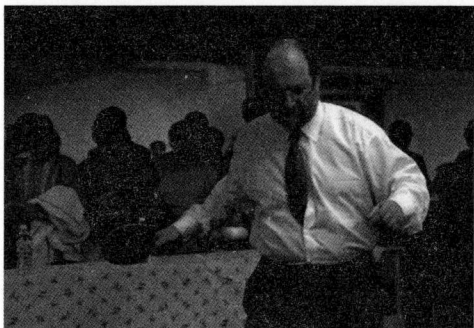

现任乒联主席沙拉拉

目前，世界级的残疾人乒乓球比赛还有残疾人世界乒乓球锦标赛、远南（远东及南太平洋地区）残疾人运动会乒乓球比赛等等。

中国残疾人乒乓球运动的发展

我国残疾人乒乓球运动员从 1984 年开始参加残奥会的比赛，1988 年首次获得奥运会金牌（女子 3 枚），迄今为止，已经连续参加了 6 届，总共获得了 19 枚金牌。

我国著名残疾人女子乒乓球运动员张小玲，在第八、九、十、十一、十二届残奥会上，一次不漏地囊括了她所在级别的女子乒乓球单打和团体的两块金牌，创造了历届残奥会乒乓球比赛迄今为止唯一的"五连冠"，被圈内人士誉为"乒坛常青树"、"乒坛皇后"、中国代表团金牌来源的最稳定"供应户"等。

在 2004 年雅典残奥会乒乓球比赛中，她获得 TT8 级女单金牌，而这也恰恰是中国残奥代表团参加残奥会以来获得的第 100 枚金牌。

在 2004 年第十二届雅典残奥会乒乓球赛上，中国残疾人乒乓球运动实现了四个突破：（1）中国男选手实现了参加历届残奥会奖牌"零"的突破，首获金牌（2 枚）。

（2）中国女选手获得 5 枚金牌，数量超过往届（1988 年 3 枚、

乒坛常青树张小玲

1992 年 2 枚，1996 年 3 枚、2000 年 4 枚）。

（3）中国队取得了 7 金、3 银、3 铜的突破性好成绩，获得的金牌数在各参赛队中名列第一，奖牌数在各参赛队中名列第二（第一是法国队 14 枚）。

（4）我国乒乓球国际裁判员史桂兰（女）在这次残奥会乒乓球比赛中执法，使中国裁判员终于在残奥会赛场上有了一席之地。

在国内，1984 年开始举行的全国残疾人运动会上，乒乓球就被列入比赛项目，迄今为止，已经举行了 6 届。

PART 3 目前状况

"中国独大， 亚洲超强"

2012 年 8 月 8 日，伦敦奥运会落下帷幕。当最后一分翻过伦敦乒台的计分器，中国乒乓球队再次囊括男、女单打和团体的四枚金牌。每次都要给奥运乒台搞点新鲜玩意儿、却仍改不了中国队包揽四金这个结果的国际乒联主席沙拉拉说："我不失望。"

自 1988 年奥运会首次接纳乒乓球为正式比赛项目至今，乒台上共产生 28 枚金牌，其中仅 4 枚旁落，得主分别是男单项目 1988 年韩国的刘南奎、1992 年瑞典的瓦尔德内尔和 2004 年韩国的柳承敏，以及女双项目 1988 年韩国的梁英子/玄静和。

简单的数字罗列便可说明，从 2008 年北京奥运会上的《义勇军进行曲》四次奏响、其中两次有三面五星红旗同时升起，到伦敦奥运会上团体双金入手、男女单打均会师决赛，中国在乒乓球项目上的超级霸主地位显然还无人能撼动。

不光是中国乒球"一枝独秀"，亚洲在这个项目上的绝对优势也依然没被打破。男单打到八强时还有三名欧洲选手，到半决赛就只剩后来拿到铜牌的德国新生代核心奥恰洛夫了；女单的状况更不乐观，四分之一决赛名义上还有一名欧洲选手，实际上代表荷兰队的李佼却是一名中国的"海外兵团"。

从本届的赛事进程来看，除中国之外，其他协会的"青黄不接"问题已经到了"最危急的时刻"。男团亚军韩国队、季军德国队本次都

伦敦奥运会上中国队再次包揽了四项冠军

是靠老将死撑门面，而日本女乒在半决赛中战胜新加坡女队、在决赛中为中国女乒制造麻烦，则树立了新生代崛起的一面旗帜。

为防止中国独大、亚洲超强的局面会让乒乓球比赛变得乏味，国际乒联通过赛制、赛程甚至赛场布置这样的外部手段，积极改变着奥运乒球赛的面貌，但中国乒球顺势而变，亚洲强队"水来土掩"，反倒是很多原本"被给予机会"的协会、选手深受其累。

因为伦敦赛场改传统的红色地胶为蓝色地胶，中国乒乓球队把集训场地的地胶都换成了"奥运颜色"，但对于大多数协会来说，既无心也无财帮自己的选手"复制"场地进行提前适应。"我习惯了红色地胶，对这个蓝色的特别不适应，站在上面脚都动不了，"男单"一轮游"的古巴球员安迪·佩雷拉这样告诉记者。

由于每个协会参加单打比赛的人数上限从男、女各3名选手下调到了两名，很多有机会争夺奖牌的选手都感到压力倍增。日本多年来着力培养的男单选手水谷隼就是其中一例，他在八分之一决赛对阵丹麦老将梅兹时表情僵硬、技术动作变形，最终成为最早出局的种子选手之一。

对"先单打后团体"这个赛程上的细微调整抱有怨言的，则是本次仅获得铜牌的上届女团亚军新加坡队。半决赛对阵日本女乒时，除了对手近两年来确实实力猛涨之外，新加坡1号主力冯天薇在单打、团体连续作战后兴奋度下降、精力难以集中，也是她们该场惜败的一个原因。

除了单打总数不变但各协会名额调低这个人为扩大比赛参与度的举措之外，被沙拉拉的均贫富策略拖累的另外一项是裁判的平均水准。在新加坡老将王越古八强赛出局、世界冠军丁宁决赛告负之后，有关裁判不公的讨论一时甚嚣尘上，但人们在讨论裁判个体化差异的同时也惊奇地发现，国际乒联这次采取了一个协会抽调一名裁判的做法，导致本届奥运会再没能出现往届那种数名高水平裁判可能来自同一协会的现象。

2013年5月12日，第五十二届世界乒乓球锦标赛在巴黎开幕。在比赛开始前，作为最后一个非中国人世乒赛男单冠军施拉格说，同中国相比，欧洲现在还处在石器时代。

5月13日，施拉格在记者招待会上说，世界乒乓球运动的现状是，其他国家的水平与中国相比差距实在太大，"我们甚至还处于石器时代"。

在巴黎世乒赛开始前，中国乒乓球队曾在奥地利的施拉格乒乓球学校进行适应性训练，并与施拉格等奥地利顶尖乒乓球选手同台训练。施拉格说，"他们的训练质量比我想象的更加可怕，可以说不是一般的高。"

这位41岁的老将还认为，在乒乓球领域，中国人有一套以老带新，使后备力量尽快成长为世界顶尖高手

迄今为止最后一个非中国人世乒赛
男单冠军施拉格

的机制。这是"这支队伍越来越强"的重要原因。而与之相比，"我们却缺乏这样一种发现和培养人才的机制"。

法国： 交换球技， 分享激动

"交换球技，分享激动"是法国乒乓球协会为2013年世乒赛制定的口号，这句简洁的口号完美地概括了组委会想要达到的目标。巴黎世乒赛形象大使盖亭表示：这句口号是希望通过竞赛，让所有法国人都来谈论乒乓球、让大部分法国人都来打乒乓球，不论是以哪种方式……

巴黎世乒赛形象大使盖亭曾是一名优秀的
乒乓球运动员

作为法国乒乓球辉煌时期的代表人物，盖亭曾夺得过1992年巴塞罗那奥运会的男单亚军和1993年世乒赛的冠军，并从1988年至2002年一直"霸占"着法国男单冠军的宝座。不过自从退役后，他就很少在公众面前亮相，但他从未离开过乒乓球。

据盖亭介绍，为了给巴黎世乒赛造势，世乒赛组委会今年初组织了一个乒乓球爱好者自行车队，历时3个月走遍法国几个大的城市，深入学校、企业、社区，交流、宣传、推广乒乓球运动，起到了很好的效果。

盖亭表示，他退役后去法国高等经济商业学院学习了两年，思维方式、处事方式都发生了很大的变化，并试图从另一个角度去分析体育，从另一个角度扮演自己的角色，比如组织青少年训练营、慈善机构等。在2006年11月，他创办了"乒乓态度"协会。

盖亭说，"乒乓态度"是他一直在运作的一个重点项目。在法国有很多热爱乒乓球的孩子，他们想打球，但是苦于没有资金。没有资金就没有教练，这些年轻的选手就这样沉寂了。他说："我们为这些孩子支付训练费用，我们也会为他们请教练，提供比赛机会。我们协会名下的俱乐部建在桑德尼。每周都会让近百名孩子来俱乐部里训练，训练的装备、教练都是免费的；同时，我们还会在医院中组织一些住院的孩子学打乒乓球，让他们感受这项运动带来的快乐。"

就正在进行的世乒赛，盖亭有些"无奈"地表示，本届世乒赛依然是中国队的天下。他认为，与欧洲相比，中国乒乓球运动的发展具有天然的优势，"中国人口众多，乒乓球又是非常受欢迎的运动，很多孩子从很小就开始接受训练，这为他们今后的发展打下了很好的基础；而欧洲的乒乓球发展现在正处于一个断层期，一些名将都已退役，国家队中缺少出色的球员"。

虽然承认发展面临困境，但盖亭仍然对欧洲乒乓球运动的前景充满信心，他说："目前在欧洲特别是在法国涌现出一些非常有潜质的青少年球员，只要加以训练，特别是送到中国进一步强化训练，他们的成长将会十分迅速。届时，欧洲就会涌现一批乒坛新秀。"

不会被逐出奥运会

在 2013 年巴黎世乒赛期间，4 年一度的国际乒乓球联合会主席选举成为场外焦点。现任主席沙拉拉，击败另一位候选人、欧洲乒联主席博西，第 4 次连任。中国女乒前主帅施之皓则当选国际乒联副主席。

沙拉拉获得连任，任期将至 2017 年。他表示这是自己最后一次参选，自 1997 年接替徐寅生担任主席算起，其在位时间将长达 20 年。

在过去 14 年里，沙拉拉一直表现出一副"改革家"的姿态。在他的任期里，乒乓球运动发生了很多变化，这其中包括乒乓球的直径由 38 毫米增大到 44 毫米；乒乓球比赛的赛制由 21 分制改为 11 分制；运动员在比赛中必须使用无遮挡发球等。

此前，一些媒体宣传，乒乓球项目可能会被"驱逐"出奥运会。对这一点，沙拉拉连任国际乒联主席后说，乒乓球根本没有被驱逐出奥运会的忧虑。乒乓球在 2020 年之前已经锁定了奥运会正式项目的地位。

在国际奥委会 2013 年 2 月剔除一个项目的投票中，乒乓球根本不在被考虑之列。沙拉拉说："乒乓球在 2020 年奥运会时依然是正式比赛项目，这是铁定了的。"

他还说，每届奥运会之后，国际奥委会都会给每个项目做一个国际影响力的排名。伦敦奥运会的排名显示，乒乓球是排在前十位的项目。他说："你们可以到网上搜搜各个项目的排名，乒乓球绝对在前十位，有些方面甚至在第六或者第七。"

沙拉拉还透露，国际乒联正根据中国乒协的提议，向国际奥委会要求在下届奥运会上增加混双项目比赛，这样乒乓球将有 5 块金牌。目前国际奥委会给乒乓球项目设 4 块金牌，男、女限定各有 86 人参加。沙拉拉说，即使混双成功进入奥运会，那也要限制每个国家或地区的参赛数目，以保证更多的国家或地区赢得奖牌。

他还说，按照他这次的竞选纲领，他计划在未来 4 年的任期内，将乒乓球提升为奥运会影响力排名前 5 的大项目，因此未来乒乓球在全球的推广任务仍然相当艰巨。

对于跨国（地区）运动员配对参加世乒赛双打的问题，他说，现在除了世界锦标赛之外，其他重大比赛都允许运动员跨国（地区）配对，将来也不排除将该政策延展到世乒赛上的可能。

PART 4 风格流派

快攻类

20 世纪 50 年代中、远台单面长抽占主导地位。20 世纪 60 年代以左推右攻、近台两面攻占主导。中国一大批顶尖选手多是这两种打法，前者如李富荣、徐寅生，后者如庄则栋。与此同时，中台两面攻、中远台单面攻仍占有一席之地，前者如王传耀，后者如日本大多数运动员。

20 世纪 70 年代的左推右攻仍以中国较多，在技术中增加了对付弧圈球的内容，代表人物有许绍发、李景光等。

20 世纪 80 年代对付弧圈球的能力有了进一步的提高。正手盖打、反手推挡的技术熟练。代表人物有谢赛克、江嘉良等。

20 世纪 90 年代至今的快攻类在技术内容上又有较多的变化：一是正胶打法，保持了过去的正手功夫好，侧身攻好，发球抢攻的特长；二是反手能推，能"直拍横打"，反手位的进攻能力大有提高；三是会倒板发球、拉球等。代表人物有：蔡振华、刘国梁、杨影、马琳、闫森、王皓等。

快攻结合弧圈类

这类打法，包括直拍快攻结合弧圈球及横拍快攻结合弧圈两种打法。其共同特点是站位中近台，以速度为主结合旋转。正手攻和拉弧圈球相结合，快攻是得分的主要手段，弧圈球是用以进攻的重要技术；弧圈球还用来为进攻开路，被动时并以它相持、过渡、伺机反攻。它的代表名将有：郗恩庭、曹燕华、陈静、邓亚萍、孙晋等。

弧圈球结合快攻类

这类打法，包括直拍弧圈球结合快攻及横拍弧圈球结合快攻两种打法。其共同特点是，站位中近台至中台，以拉弧圈球为得分的主要手段，常以前冲弧圈球代替扣杀，拉出的弧圈球即有较快的速度，又有较强的旋转；同时也具有一定的快攻技术。

直拍弧圈球结合快攻以正手拉为主，反手多运用快攻、推挡和反手攻，也重视使用侧身攻和拉后扣杀技术。这类打法，以郭跃华、金泽洙、刘南奎等选手为代表。

横拍弧圈球结合快攻的，有的能两面拉，以正手为主，反手也有一定的旋转，也能快打快拨。

这类打法代表人物有：瓦尔德内尔、萨姆索诺夫、施拉格、鲍罗斯、孔令辉、王励勤、王楠、刘国正、张怡宁等。

削球类

从20世纪20年代到50年代，削球打法占据着乒坛的主导地位，到20世纪50—60年代，曾经发展为以削为主的打法和逼角反攻的打法两种，匈牙利别尔切克是削球大师，削得非常转。

中国队员曾经形象地说："对付别尔切克的削球，要用起重机才能勉强拉起来。"

而匈牙利的西多，则是近台逼角反攻的好手，曾获得过世界男子单打冠军。德国绍勒尔、中国的张燮林、林慧卿、郑敏之都是削球界出类拔萃顶尖高手。

到了20世纪70年代，又发展出削球的转与不转结合反攻，包括两面不同性能倒板技术的运用。20世纪80年代，削球又发展成为转与不转结合抢攻、拉冲、反攻打法。代表人物为陈新华。

20世纪90年代，又出现了攻削结合打法，攻球的份量占得很重，如丁松的发球抢攻得分率甚高，反攻、对冲能力强且十分凶狠，削球旋转变化大。目前，我国优秀削球女运动员范瑛有"小丁松"之称。

直拍横打型打法

"横打"指"使用横握拍的打法，即两面打法"，也有人称为"反打"，即"用反面打"之意。以王浩为代表的直拍横打，已提供了十分成功的范例，使一度低迷的直拍，彻底走出了困境，具有划时代的意义。目前，这一前沿的、有生命力的打法，已开始了普及，对这一打法的研究才刚刚开始，其中有很多技术有待发掘。其握拍、挥拍等技术动作，能给正手攻球哪些启示，其台内快速而大角度的斜线攻击，能否在正手情况下实现？直拍横打的继承、改进和发展的空间还有多大？将来两个直拍横打形成对攻，将会呈现什么局面？诸如此类的问题都很有意思，具有一定的探讨价值。

近台快攻型打法

这曾是我国直拍时代的传统打法，一般左推右攻，强调前三板的功力。不过，这种打法目前已非常少见。随着对攻、对拉和相持能力的普遍增强，多拍回合大量出现，仅注重前三板则显得单薄，故后续多板的相持技术，在实践中得到重视和加强。其后，近台快攻便融入了更多内容，接着，则发展为中近台的快攻结合弧圈和弧圈结合快攻的打法。

现在，各种技术打法和风格纷纷呈现，形成了百花齐放的"春秋战国"时代，目前又有台内小弧圈技术融入其中，可以说，这时的中近台，已容纳了有史以来最为丰富的技术和风格，而其核心，还是中近台的快攻。

这一局面的形成并非偶然，第一，由于当前攻击能力的提高，使球员不得不加强摆短来施加控制，而摆短控制势必将球员拉回到近台；同样由于攻击能力的提高，使得完全的近台又难以抵挡这样的攻击，必须以中台为主进行相持。

第二，首先，快速的近台攻击和调动已不允许接球方退到远台；其次，由于近台衔接和近台相持能力的提高，球员也没有必要再退到中远台去应付攻击。那种中远台平稳的攻防格局，早已成为了历史。

第三，为了提高进攻速度、衔接速度和相持速度，必须打"起跳球"或"上升球"，这就促使球员尽量到近台来"迎前打"，故中近台的拼打便势成必然。总之，乒乓球的发展是以速度为核心的综合能力的提高，中近台的快攻打法是一个必然的结果。中近台的相持以及大量台内技术的运用和发展，将改变乒乓球的格局。

此外，横直交替、双手交替、横拍直打等打法是否有可能出现，我们也可以期待。

PART 5 场地设施

比赛场地

乒乓球运动所需要的场地空间不是很大，一般场地为 20 米长，7 米宽，4 米高。其面积仅是足球场的七十三分之一、网球场的七分之一。由此可见，该项运动在场地方面的限制性是非常小的，因此，很多国家早已将乒乓球运动引入家庭。

比赛区域

正规比赛，如奥运会乒乓球比赛，对场馆有一定的要求。区域包括可容纳 4 张或 8 张球台（视竞赛方法而定）的标准尺寸（8 米宽、16 米长）的正式比赛场地、比赛区域还应包括比赛球台旁的通道、电子显示器、运动员、教练员座席、竞赛官员区域（技术代表、裁判长、仲裁等）、摄影记者区域、电视摄像区域以及颁奖区域等所需要的面积。

灯光

比赛环境会随地点的变化而有所不同。但是，良好的照明系统对于乒乓球比赛来说至关重要。碘钨灯（照度不得小于 500 勒克斯）是最好的照明系统。距离地面 4 米的高度是

2008 年北京奥运会乒乓球馆

最理想的照明高度。

奥运会为了保证电视转播影像清晰,要求照明度为 1500—2500 勒克斯,所有球台的照明度是一样的。如果因电视转播等原因需要增加临时光源,该光源从天花板上方照下来的角度应大于 75 度。

奥运会比赛区域其它地方的照明度不得低于比赛台面照明度的二分之一,光源距离地面不得少于 5 米。场地四周一般应为深颜色,观众席上的照明度应明显低于比赛区域的照明度,要避免耀眼光源和未遮蔽的窗户的自然光。

地面

地面应为木制或经国际乒联批准的品牌和种类的可移动塑胶地板。地板具有弹性,没有其它体育项目的标线和标识。地板的颜色不能太浅或反光强烈,可为红色或深红色;不能过量使用油或蜡,以避免打滑。

温度

奥运会乒乓球比赛馆内比赛区域的空气流速控制在 0.2—0.3 米/秒之内,温度为 20—25 摄氏度左右,或低于室外温度 5 摄氏度(奥运会在夏季举行,比较炎热)。

比赛器材

球台

乒乓球游戏是由两名或两对选手在一个长 2.74 米、宽 1.525 米、高 76 厘米的球台上进行,台子可用任何材料制成,常见的有木制球台和水泥球台,台面的厚度无具体规定,但应具有均匀、合适的弹性(测验弹性的方法是用标准乒乓球从台面上空 30 厘米处落下后弹起 23 厘米即为合适)。

台子中间放置一个高度为 15.25 厘米的网子，台面四周应画上 2 厘米宽的白线。球台的颜色不限，但台面应呈均匀的暗色，无光泽，一般多为墨绿色和海蓝色（目前大型比赛常选用海蓝色球台同红色地面、黄色乒乓球相配套）。

每张球台的比赛场地为宽 8 米，长 16 米。球台的上层表面叫比赛台面，应为与水平面平行的长方形；比赛台面不包括球台台面的侧面。

比赛台面由一个与端线平行的垂直的球网划分为两个相等的台区，各台区的面积应是一个整体。

双打时，各台区应由一条 3 毫米宽的白色中线，其将各台区分为两个相等的"半区"。中线与边线平行，并应视为左半区的一部分。

乒乓球台

球网装置

球网装置包括球网、悬网绳、网柱及将它们固定在球台上的夹钳部分。球网应悬挂在一根绳子上，绳子两端系在高 15.25 厘米的直立网柱上，网柱外缘距离边线外缘 15.25 厘米；整个球网的顶端距离比赛台面 15.25 厘米，底边应尽量贴近比赛台面，其两端应尽量贴近网柱。

乒乓球

乒乓球是最小的体育球类，以往球体直径仅为 38 毫米，重 2.5 克。用手轻捏球面，迎光观察不应有开裂现象，外观洁白均匀，不反光，接缝整齐、严密牢固，不得有宽窄边、变形、凸凹不平等现象。

当然，很多厂商生产的乒乓球都不可能如此精确。一般来说，优级品的乒乓球重量为 2.40—2.53 克，直径为 37.2—38.2 毫米；从 300 毫米高处落下，其弹跳高度应为 210—230 毫米。由于制作乒乓球的赛璐珞的硬度不同，因而对于攻击型的球手来说，硬些的球可以发挥速度和力量优势；而对于削球手来说，软些的球更好。

从 2000 年 10 月 1 日开始使用 40 毫米大球，球重 2.7 克。球应用赛璐珞材料或类似的塑料制成。白、黄、橙三种颜色的球在比赛中被允许使用。

乒乓球的造价较低，使用的寿命也比网球和羽毛球要长些，且损坏后可以修补再用（瘪处可用热水泡复原，裂缝处可点香蕉水粘合）。

乒乓球拍

乒乓球拍的选择首先要看自己握拍的方法，根据握拍的方法，一般来说分为直拍和横拍两种。乒乓球产生时欧洲人仿效网球拍的握法，基本上采用横拍，后来乒乓球运动发展到亚洲、产生了直握球拍。

乒乓球拍

球拍的选择和打法、身体条件等因素密切相关。身材高大的选手，步阔营长，身体移动范围大，中远台优势明显，选择横拍可以大刀阔斧地进攻，发挥力量型的长处。而身材较小的运动员，护台面积小，中远台移动不如身材高的选手范围大。但身材小反应快，头脑灵活，尤其是台内处理小球快捷多变，选择直拍能有效地发挥其变化多、腕部动作灵活等长处。

球拍与打法

在乒乓球运动发展的初期，人们使用的球拍是单纯的木板。因弹力小、无摩擦力，所以，当时的技术只限于挡来挡去。

随后，有人实验在木拍上加贴覆盖物。起初加贴薄层软木、羊皮纸等，慢慢发展到加贴胶皮，从而开始产生了抽球和削球技术，攻、削两种类型打法也随之逐渐形成和发展起来。由于胶皮拍有一定的摩擦力，但弹力比较小，所以总的说起来是利守不利攻。这也是此时期削球打法占优势的重要原因之一。

20 世纪 50 年代后，世界乒乓球技术有了突飞猛进的发展。1952 年第十九届世乒赛上，日本运动员佐藤博治手握 7 毫米厚的海绵拍，采用远台长抽的打法，首先冲破了欧洲削球打法的防线，夺得男子单打冠军。从此，世界乒乓球运动的优势开始从欧洲的削球转到了亚洲的攻球运动员手中。

海绵拍最早见于 1951 年第十八届世乒赛上，由一名奥地利大学生使用，但这种球拍并未引起人们的注意。然而对此球拍稍加改造，将海绵由硬变软，并与日本的传统进攻打法一结合，就产生了划时代的影响。

海绵拍弹性大，用其击球速度快，力量大，旋转强。从一定意义上说，由于海绵拍的发明、使用，才将乒乓球技术推进到了快速进攻的时代。

胶皮拍时代，只有平挡打法，海绵拍出现后，平挡发展成为推挡球，速度和力量大大提高了。胶皮拍时代，发球种类增多，旋转复杂了，威胁大大增加，发球开始慢慢成为争取主动的手段。

海绵拍的出现，曾一度引起许多人的反对，甚至要求予以取缔。由于国际乒联蒙塔古先生的支持，平息了这场风波。直至 1959 年，国际乒联才通过了一项关于球拍规格化的决定：球拍的拍面上必须覆盖正胶粒胶皮或反胶粒胶皮，而海绵和胶皮的总厚度不得超过 4 毫米，其中胶皮的厚度不得超过 2 毫米。

后来，实践证明这个决定是正确的。它促进了以后乒乓球技术的发展。以后，世界上流行使用的球拍只有三种：正贴海绵胶、反贴海绵胶和胶皮拍。

日本运动员多使用反贴海绵胶。反贴海绵胶的黏性大，有利于制造旋转。20 世纪 60 年代初，日本运动员创造了弧圈球技术，这是一个意义重大的技术突破，它推动了乒乓球运动的进一步发展。为了对付弧圈球，又出现了一些新技术，如推挤、盖、快带、摆短等。

日本运动员虽然是弧圈球技术的发明者，但这项技术的真正受惠者应该说是欧洲选手。日本选手只能正手单面拉弧圈，而且多数是弧线高、速度慢的上旋弧圈球。欧洲选手左右开弓，两面都能拉弧圈，而且是以拉前冲弧圈球为主。欧洲人还把日本的弧圈球和中国的快攻融为一体，创造了弧圈球结合快攻和快攻结合弧圈球的两种新打法，从而在世界乒坛上东山再起，很快形成了和亚洲势均力敌的局面。

中国攻球手以"快、准、狠、变"作为自己的指导思想。正贴海绵胶拍有利于发挥速度上的优势，故而中国攻球运动员多使用它。20世纪50年代末60年代初，中国选手在发球技术上有了很大发展，不仅能用相似的动作发出不同旋转强度的球（如容国团的正手转与不转发球，李富荣的左侧上、下旋发球等），而且还发明了高抛抖动式发球。

发球抢攻已成为中国选手取胜的法宝之一。20世纪70年代后，中国的快攻手又在原来的风格上加了一个"转"字。创造了拉小上旋的技术，丰富与发展了原来的快攻打法。

中国的乒乓球运动是提倡"百花齐放"的。真正做到外国有的我们有；外国没有的我们也有。除了传统的直拍快攻外，还有一批能攻善守者。其中特别值得一提的是，张燮林首次使用长胶粒球拍削攻倒拍打法获得了成功。20世纪50年代后，削球本来已属走下坡路的打法，但长胶的出现给削球打法注入了强大的生命力。

20世纪60年代末，弧圈球技术发展很快，其运用也越来越普遍。此时，不管是攻球手，还是削球手，要想在世界乒坛上立足，都必须首先要接好弧圈球。在这种形势下，防弧胶皮球拍和生胶皮球拍应运而生，再加上长胶皮球拍，这三种"怪拍"成了对付弧圈球的专用武器。

使用这类球拍来对付弧圈球，确实取得了可观的效果。如第三十三届世乒赛的男子单打冠军日本选手河野满，就是使用生胶球拍的直拍握法两面攻打法。

"怪拍"在性能上与常规球拍区别很大。为增加击球的变化，又出现了在同一块底板的两面分别贴上两种性能不同而颜色相同的覆盖物。比赛中，不时调换球拍的正、反面，常给对方造成莫名其妙的失误，威胁颇大。有人用它防守（陆元盛、黄亮），有人用它进攻（蔡振华），还有人用它又攻又守（梁戈亮），他们都获得了不同程度的成功。

1984年1月1日始，国际乒联执行关于球拍的新规定：球拍两面必须是红、黑不同的颜色。这样就大大减少了两面不同性能球拍的威力。中国运动员蔡振华在第三十七届世乒赛中身手不凡，但 1984 年后的比赛明显不如以前，其原因正是限制两面不同性能球拍特定的作用。由此可以看出，乒乓球技术的发展与工具改革是息息相关的。

球拍的选择

近年来生产的球拍上，多标明有"进攻"、"全面"、"防守"等类型的分类标识，可供业余爱好者选择。一般来说，初学者不妨选用控球容易的低档球拍来矫正动作，待水平逐渐提高、形成稳定的打法后，再挑选针对性较强的中高档底板。中低档的球拍不一定就不好用，哪块球拍用顺手了，哪块就好用。

至于专业运动员，每个人都有自己专属球拍。当然，他们的球拍不一定高档，但用起来都十分得心应手。大致说来，乒乓球拍可以分为以下几种类型：

1. 正胶海绵拍

正胶就是胶皮颗粒向上、高度与直径相等的胶皮。这是中国选手最传统的球拍。过去庄则栋、李富荣、江嘉良、谢赛克等一批批世界冠军都采用正胶海绵拍，第二十六届亚特兰大奥运会冠军刘国梁也是用正胶海绵拍击退了各路好手。

它的特点是弹性好，击球稳且速度快，适合近台快攻型的球员使用。正胶海绵拍不容易吃各种旋转，正是由于粘性小也不容易制造强烈的旋转，所以正胶球拍虽然拉不出强有力的弧圈球，但是在处理台内旋转球和正手抽杀方面却可以大占便宜。

而且由于正胶球速非常快，一般一板就可打死而避免形成相持。如果选手自己手腕动作灵活，而大臂和腰腹力量不够，那最好选择以速度制胜的正胶球拍。

2. 生胶海绵拍

生胶就是颗粒向上、直径大于高度的胶皮。其特点是击球有下沉，搓球旋转弱，适合近台选手使用。

著名运动员王涛反手用的就是生胶，由于生胶有减转的作用，因此特别容易控制球。尤其是反手拨打台内短球时更是得心应手，像陈静、耿丽娟等都采用反手生胶的打法，以便摆短时求得主动，同时又能节省体力。

王涛的反手弹打已成世界一绝，而韩国以玄静和、朴境爱代表的一批女选手采用直拍生胶的打法更是独树一帜，快速和抢先上手威胁较大。

3. 反胶海绵拍

反胶就是粘贴时粗面向下、黏性较大的光面向上的一种胶皮，全欧洲的选手均采用此种胶皮。反胶打球的旋转力特别强，所以打法以旋转为主的球员（如弧圈球、削球）必谙此道。

瓦尔德内尔、佩尔森、塞弗、马文革等弧圈结合快攻打法、盖亭、王涛、孔令辉等快攻结合弧圈打法的选手们是清一色的反胶。当然，反胶容易制造旋转，也容易吃转儿，掌握有一定难度。

4. 防守型海绵拍

用此拍一般以削球为主，属于旋转型打法，故而横拍削球手多以反胶为主，反手则花样繁多。防守型技术一般以削球为主，也属于旋转型打法，故而横拍削球手正手多以反胶为主，反手则花祥繁多。像丁松，他反手用正胶，削出的球介乎转与不转之间，而且随来球旋转强弱产生变化，令对手判断经常失误。

而陈新华反手则采用长胶，这是一种颗粒向上、直径小于高度的胶皮，旋转变化相当大，对方拉过来的球越转，削回去的越转，而且击球下沉，对方不容易借力发力。

进攻型球员也经常采用防守型海绵拍以弥补其反手的不足，像蔡振华，他反手使用防守型海绵拍，类似反胶而且无粘性，击球力量减弱，下沉飘忽，令对手难以按常规判断，对弧圈球尤为奏效，故而被称为"防弧圈型胶皮"。

比赛间隙，除非裁判员允许，否则运动员必须把球拍放在球台上。如果球拍是绑在手上的（主要为残疾人运动员设计的），裁判员应允许其在比赛间隙戴着球拍。

球拍的保养

一般来说，非专业运动保养乒乓球拍可分七步走：

第一，尽量不要在台子、球网、挡板、墙壁、柱子等地方磕球拍或刮胶片。攻球时和捡球时要拿稳，不要扔在地上。

第二，胶片如果脱离底板了，一定要用专业胶水粘，千万不要用502之类的胶水，否则连底板都废了。可以到专业店粘合，一般不收费，收费也很低。

第三，揭下套胶时，要沿着垂直于木纹的方向揭开，且揭的速度一定要慢，免得底板掉木丝。如果底板掉木丝太严重，找专业店用护木液处理一下即可。不要涂指甲油、清漆之类，影响手感。

第四，新拍一定要打磨后再使用，免得磨手。打磨的原则是能少不要多，哪里磨手就把哪里打下去。打磨太多就废了。打磨用砂纸，不要用刀削。

第五，打完球后，用洗胶棉（不掉渣，质地较软）把套胶表面清洁干净。天热时用纯净水把洗胶棉湿一下擦，天冷时往胶皮上哈一口气就可以擦。总之水不要太多，不要湿到木板；也不要太少，干摩擦很快就不黏了。护胶膜也要用同样方法擦干净。等到胶皮和护胶膜干了之后，把护胶膜覆盖上，用IC卡或银行卡把空气赶出去。如果胶皮老化得实在厉害粘不上了，可以先轻哈一口气再粘护胶膜。

第六，汗水会把拍柄弄湿的，横板可以用护柄带，直拍没有办法，只能采用洗手的方式。汗水多了板子会变重，所以要使用半拍套，而不要使用全拍套，方便潮气从拍柄上跑出去。一定要用拍套，不然胶皮太臭，影响健康。

第七，纯业余的话，能不灌胶就不灌，也可以半年或三个月请专业店重新粘贴一下，感受一下灌胶的效果。

专业球拍或品牌球拍，如红双喜乒乓球拍，保养较为复杂。一块符合规则、可以在正式比赛中使用的球拍，由底板，海绵，胶皮三部分组成。下面就分别介绍一下各自在保养和使用中的注意事项。

1. 避免受热

红双喜乒乓球拍的海绵和胶皮受热后易老化，粘性和弹性降低，俗称"死了"。板子受热后也容易变形，影响击球的准确性。同时，避免海绵和胶皮接触汽油，一旦接触汽油，橡胶制品就会变形、变质，这一点应特别注意。

因为红双喜海绵是一个膨胀体，在使用过程中，不能过分牵拉、重压，在温度比较低的地方打球，要注意适当保温，底温会影响海绵的弹性。用单张的胶皮和海绵板的人，在更换胶皮时，要用火烤式电熨头烫，使胶皮与海绵之间的胶水充分溶化，以防因换胶皮损坏海绵。胶水可以使海绵发泡，增加弹力，但与底板进行粘贴时，要使用无毒的专用胶水，这样既可以保护海绵，也可以保护底板。

2. 防止非正常外力的擦、碰、挤压

以正确的动作击球，球拍是不会磕碰球台的。当球拍不用时，最好放在专用的拍套里，同时在拍套内放一块木制或塑料制的平板，最大程度地减少外力对红双喜球拍的影响。

3. 保持球拍表面的清洁

胶皮面一旦有了污垢，粘性就会大大地降低。此时，正胶的拍子可用干净的布沾清水轻轻擦净。红双喜反胶的拍子每次打完球后都要用柔软的布料沾清水擦净，一定要注意避免在胶皮的表面上擦出划痕，最后在表面上贴一层尼龙纸或薄软的塑料片。

服装

乒乓球是一项速度快、强度大的体育运动。因此，应尽量选择穿着舒适、无束缚感的服装。球员们通常会选择穿着短袖 T 恤。球袜可以选择任何颜色，但是，通常情况下，球员都会选择穿着白色球袜。球鞋应尽量选择抓地力强、重量轻、适合脚步快速移动的。合适的球鞋会很好地保护球员的脚踝和脚背不受伤害。

在正式比赛的时候，运动员的服装还应符合比赛要求。一般来说，正式比赛都会指定或批准某种服装作为比赛服。大致来说，比赛服装有 10 点要求：

第一，比赛服装一般包括短袖运动衫、短裤或短裙、短袜和运动鞋。其它服装，如半套或全套运动服，不得在比赛时穿着。得到裁判长允许的除外。

第二，短袖运动衫（袖子和领子除外）、短裤或短裙的主要颜色应与比赛用球的颜色明显不同。

第三，在运动员比赛短袖服装的后背可印有号码和文字，用于标明运动员、运动员协会的名字或名称；或在俱乐部比赛时，标明运动员的俱乐部名称，以及符合条款所规定的广告内容。如果短袖比赛服装的后背印有运动员的姓名，应该在紧靠衣领的位置。

第四，在短袖运动衫后背的中间位置应优先佩戴被组织者制定的用于标明运动员身份的号码布，而不是广告。这个号码布应该是长方形的，其面积不大于 600 平方厘米。

第五，在运动员前面或侧面的任何标记或装饰物，以及运动员佩戴的任何物品，如珠宝、首饰等，均不应过于显眼，甚至反光，以免影响对方的视线。

第六，服装上不得带有可能产生不悦或诋毁本项运动声誉的设计和字样。

第七，有关比赛服的合法性及可接受性问题，应由裁判长决定。

第八，在世界比赛或奥林匹克运动会比赛中，团体赛的同队运动员或同一协会组成的双打运动员，应该穿着同样的服装，但鞋袜和服装广告的数量、尺寸、颜色和设计除外。在其他国际比赛中，如果基本颜色相同并得到所在协会的批准，同一协会组成的双打运动员，可以穿着不同制造商生产的服装。

第九，比赛的双方运动员应穿着颜色明显不同的运动衫，以使观众能够容易地区分他们。

第十，当双方运动员或运动队所穿服装颜色类似，且均不愿更换时，应由抽签决定某方必须更换。

轮椅

残疾人乒乓球比赛还涉及轮椅的问题。一般来说，轮椅必需至少有

小运动员身着宽松的比赛服在比赛

两个大轮和一个小轮。如果需要，脚踏板可以固定，但无论脚踏板还是双脚都不能接触地面，否则判失一分。

在团体赛和分级赛中，身体双膝以上的部位不得绑在轮椅上，因为这样可以改善平衡。但是，如果由于医疗原因，选手需要捆绑，应在分级卡上注明。同时，在评估选手的比赛级别时予以考虑。在公开级比赛中，捆绑和其它形式的帮助是允许的。

裁判员用具

裁判桌

裁判桌放在助理裁判员的位置上，供助理裁判员使用。助理裁判员的位置在裁判员对面，与球网成一条直线。该裁判桌用于放置记分牌、毛巾、比赛指定用球等物品，其大小在规则上并没有明确的限制，但一般不宜过大，也不宜过高。过大会占据必要的空间，过高则会遮挡助理裁判员的视线，影响其执法，因为在裁判桌上还要旋转比分显示器。

裁判椅

裁判椅分为主裁判椅和助理裁判椅。主裁判椅供裁判员使用，放在与球网相对的位置上，一般较高大，以方便裁判员监控比赛，特别是在双打比赛中能准确地看清中线。助理裁判椅供助理裁判员使用，放在主裁判椅的对面，正对球网的裁判桌后面。

比分显示器

正式比赛应至少放置两个比分显示器，目的是为了方便运动员、主裁判员、场外指导和现场观众了解比赛的进程；同时，也是为了方便裁判员报分，让运动员随时监督裁判员的判罚。其中一个比分显示器放在裁判桌上，该显示器上有大小两个数目，大数目显示每一局中的回合分，小数目显示每一场比赛的局分。

另一个一般放在裁判员或助理裁判员旁边的第二块挡板上，在单项比赛中用以显示整场比赛中两位运动员的局分；在团体比赛中用以显示整个团体比赛中双方的场分。

如果是决赛，或者场地中的比赛较少——一般是仅有1—2张球台进行比赛，那么裁判长可在场外设置比分显示器，以方便坐在不同角度的观众了解比赛的进程。

显示比分显示器的一般程序是，助理裁判员必须依据裁判员的得分手势显示每一个回合的比分，而不能根据自己的主观判断显示比分；而场外比分的显示，裁判员又必须依据助理裁判员对每个回合的比分显示调整自己的比分显示器，始终与助理裁判员的比分显示一致，而不能在助理裁判员显示比分前显示，更不能根据裁判自己的主观判断随意地显示比分。

量网尺

量网尺是检测球网高度的用具。

测量器

测量器是指游标卡尺或螺旋测微器等用以检测颗粒胶、海绵胶等胶质厚度的器材。

挑边器

挑边器是两面呈不同颜色的圆形器材。在每场比赛前，裁判员把其作为抽签的用具，以决定双方运动员的发球权（发球、接发球）和站位权（这一边、那一边）。

秒表

秒表用来监控每局比赛的时间、赛前练习时间、局间休息时间和其它中断比赛的时间。由于此表需要根据规则的规定随时开或停，因此必须是正式的秒表，而不能用裁判员的手表代替。

白牌

白牌是裁判员显示时间暂停的用具。

红牌和黄牌

红牌和黄牌是裁判员处理运动员不良行为和管理场外指导或裁判长处理运动员不良行为的用具。其中，黄牌是裁判员用于警告运动员不良行为和场外指导的用具，黄牌和红牌同时使用，是裁判员用来对运动员不良行为进行判罚分的用具；红牌是裁判员驱逐场外指导或裁判长取消运动员比赛资格的用具。

此外，在裁判员一侧还应放置两个专门放置毛巾的器皿，以方便双方运动员擦汗。比赛时裁判员应注意监督运动员将毛巾放在器皿中，以保持赛场的整洁。

PART 6 竞赛规则

11 分赛制

具体规定

第一，一局比赛中，先得 11 分的一方为胜方。10 平后，先多得 2 分的一方为胜方。

第二，一场比赛单数局组成。在获得每 2 分之后，接发球方即成为发球方，依此类推，直至该局比赛结束，或者直至双方比分都达到 10 分或者实行轮换发球法，这时，发球和接发球次序仍然不变，但每人只轮发 1 分球。

第三，一局中首先发球的一方，在该场下一局应首先接发球。一局中，在某一方位比赛的一方，在该场下一局应换到另一方位。在决胜局中，一方先得 5 分时，双方应交换方位。

第四，当球停放在选手张开和伸平的手掌内时，才可以进行发球。从球离开运动员手掌的那一刻到球被击中，球都应该在球台平面的高度之上和在发球选手的端线之后。

第五，当球被击中时，发球选手或他的双打队友的身体与衣服的任何部分都不能在球与网之间的范围内。此项目的是：防止在接发球选手视线以外的隐蔽式发球。

第六，发球一方只要没有发过（包括漏发）都算对方得分。

影响

数字的变化

由 21 分记分制，改为 11 分记分制，每局减少了 10 分。由 5 分轮换发球法，改为两分轮换发球法，双方每次少发三个球。在决胜局中，一方先得 5 分时，双方应交换方位。在局与局之间，在 21 分记分制时，有 2 分钟的休息时间，现变为不超过 1 分钟休息时间。每局比赛中，每得 6 分后，或决胜局交换方位时，允许有短暂的擦汗时间。

节奏的变化

由于每局只有 11 分，每局很快就见分晓，节奏加快。由于比赛的局数增多（由打满 5 局见分晓，变为打满 7 局见分晓），那么关键球出现的概率增大，乒乓球比赛变得更加激烈，更加刺激。

时间的变化

21 分记分制时，在 5 局 3 胜时，如打满 5 局，至少要得 105 分，才能获胜。相应地，在 11 分记分制时，要用 7 局 4 胜，如打满 7 局，得 77 分，就可能获胜。比 21 分记分制，每场要少 28 分，时间缩短了近四分之一。

比赛偶然性增大

11 分赛制如果按 11：9 的满分计算，与 21 分制的满分 21：19 相比，每一局球的比分减少了一半。由于比分大幅度地减少，在客观上缩小了运动员之间实力差距。可以设想，如果每一局比赛只打 1 分，那效果会是如何呢？

也就是说分数越少，比赛结果的偶然性就会越大，造成强手不强，弱手不弱，使实力差距缩小。如果一局比赛中再有一些擦边、擦网、发球犯规或裁判员误判的分数，就会使比赛的胜负更难以预料，这无疑增加了比赛的悬念。

从开始采用 11 分制到今天，按实力估计，很多实力好的运动员在 21 分制时必胜的场次，但到了 11 分制时却变得胜负难卜，有时出现惊人的结果。

在第十四届亚运会上中国女团、女双、男双的失利，以及第四十七届世乒赛男单的失利，无缘决赛的结果都带有 11 分制造成的偶然因素。从对中国国家男队的教练员调查结果发现，在 2000 年国际乒联推出的三项比较重大的改革中，11 分制的偶然性特征，是对中国队的整体实力优势冲击最大的一项。

打破原有战术组合的定式

伴随着 11 分制比分成倍的减少，发球的轮换方法也发生了本质的变化。21 分制时是每 5 分轮换一次发球，而 11 分制是每 2 分轮换一次发球。而从数学上讲一轮 5 个发球，运动员发球的组合是运动员所掌握的发球种类 5，而一轮 2 个发球，运动员发球的组合是运动员所掌握的发球种类 2，因此，大大地减少了运动员发球变化的可能性，特别是那些发球种类较少的运动员。

此外，由于长期以来，运动员对 5 分一轮的发球通过实践摸索出了很多的战术运用规律，如两短三长、一转四不转等等战术组合，并且在头脑中对这些组合方法已经形成了动力定型。而新赛制的采用，无疑会打破原有的技战术动力定型，需要去建立新的动力定型。

更为严重的是，由于竞技运动战术结构的各种环节是相互联系，相互制约的，它有牵一发而动全身的效应。

对战术运用的精确度提出了更高的要求

由于比赛总分数的减少，使得每一分在每局中所占份量增加。如果以 11 分制和 21 分制每局比分打满（11∶9 和 21∶19）来计算，11 分制中每 1 分就占每局比赛的 5%，21 分制则占 2.5%。

这种每分价值成倍增加的现实，使运动员在处理每一分时都要倍加小心，来不得半点疏忽。一是使运动员要小心翼翼；二是要求运动员无论在前三板的争夺上，还是在相持技战术的发挥上，都要有更加扎实的技战术基本功，才能确保在高强度的对抗中稳定发挥自己的水平。

从实践中的比分领先与落后的关系上也反映出 11 分的这种竞技特征。当双方比分拉开一定差距时，如果双方都抠得细、抠得紧，那么落后一方就很难追上；如果领先方算得稍不够仔细，则比分很容易被追平，甚至赶超，使比赛结果出现戏剧性的变化。这同样也说明，在 11 分赛制中，运动员在领先情况下，其对场上局面的控制能力十分重要。

小球换大球

乒乓球由小变大，经历了一番曲折的过程。20 世纪 80 年代初，中国队囊括第三十六届世界乒乓球锦标赛 7 项冠军之后，就有人提出把乒乓球加大，把网加高等建议，但这一建议没有得到人们的重视。

此后，乒乓球运动技术不断发展，球速越来越快，旋转越来越强。不少运动员对阵时回合减少；有时球飞如闪电，观众还未看清，胜负已经决出，削弱了乒乓球爱好者的兴趣。为此，国际乒联前主席荻村伊智朗曾考虑把乒乓球加大。而徐寅生担任国际乒联主席后把这件事提上了议事日程。

1996 年 5 月，国际乒联理事会同意试验大球的提案——为减缓球速和旋转，增加回合和观赏性，建议将乒乓球的直径增大两毫米。国际乒联准备次年在日本举行的青年锦标赛上做试验，但由于日本厂商意见太大而作罢。当时，改大球只是建议，厂商要生产大球，需要投入资金重制模具，调整工序，若建议最后被否决，资金就浪费了。

为支持乒乓球改革，上海红双喜乒乓集团毅然承担了试制任务，按要求生产出一批高质量的大球，由国际乒联送给各会员协会试用。世界上唯一拥有测量动态乒乓球速度和旋转仪器的中国乒协主动承担了测试工作。

中国乒协科学委员会科研人员做了"不同直径和重量的乒乓球对击球速度和旋转影响的实验"。实验结论是：直径大的球，速度慢于直径小的球，旋转弱于直径小的球；直径相同的球，重量和弹力大的要比重量和弹力小的球速度快、旋转强。

1997 年第四十四届世乒赛期间举办了首次试验大球的比赛，但影响不大。1998 年春天，由徐寅生提议举办的苏州国际乒乓球"大球"

赛做了第二次试验。中国乒协主动承担了苏州试验比赛的经费。1999 年，在丹麦哥本哈根又举行了一次试用大球的国际比赛。

1999 年在大维第四十五届世乒赛期间举行的国际乒联代表大会上，"大球改革"提案因未获得四分之三多数票而被搁置，124 名委员中有 84 人投赞成票，30 人反对，10 人弃权。当时新任的国际乒联主席沙拉

红双喜集团生产的大球

拉说，有些代表因对这项改革措施将带来的影响不了解而投了弃权或反对票，他将做解释和说服工作。

2000 年 2 月 23 日，国际乒联特别大会和代表大会在吉隆坡通过 40 毫米大球改革方案，决定从 2000 年 10 月 1 日起，也就是在悉尼奥运会之后，乒乓球比赛将使用直径 40 毫米、重量 2.7 克的大球，以取代 38 毫米小球。

PART 7 战术技术

基本动作

常见握拍法

乒乓球运动兴起之时，使用的是横握球拍。1902 年传入日本之后，出现了直握球拍方法。有人推断这是东西方进餐时握刀叉和拿筷子的区别而带来的早期握拍法的不同。

握拍方法与击球动作有密切关系。每个击球动作，都是由手臂、手腕和手指相互配合用力来完成的。因此，较好的握拍方法既要适合自己打法的特点，又要不影响手臂、手腕和手指的灵活运用。

握拍方法有直拍和横拍两种。这两种握拍法又由于打法特点不同而在具体握法上有所差别。

直拍握法

直拍握法的特点是正反手都用球拍的同一拍面击球，出手快，正手攻球快速有力，攻斜、直线球时，拍面变化不大，对手难于判断。

直握球拍因个人技术风格的不同而略有差异。如以拉弧圈球为主打法的运动员与快攻型运动员的握拍法基本相同，不同的是正手拉弧圈球时，拇指、中指和无名指协调用力，球拍背面的中指与无名指略微伸展，以便较好地保持拍面前倾。

横拍握法

横拍握法的特点是正反手攻球力量大，攻削球时握法变化小，反手攻球容易发力也便于拉弧圈；但正反手交替击球时，需变换击球拍面，攻斜、直线时调节拍形的幅度大，易被对方识破。

横拍攻击型（包括快攻和弧圈两种）和防守型（包括削、攻结合）的握拍方法基本相同，但可分为浅握和深握两种。

浅握以中指、无名指、小指自然地握住拍柄，拇指在球拍的正面轻贴在中指旁边，食指自然伸直斜放于球拍的背面，虎口轻微贴拍。

深握与浅握的握法基本相同，但虎口紧贴球拍。这两种握法，正手攻球时食指要用点力，也可将食指往上移动一些帮助压拍。反手攻球或快拨时，拇指要用点力，也可用拇指往上移动一些帮助压拍。正、反手削球时，手指基本不动。

浅握的优点是握拍较松，手腕灵活，对台内球的处理方法较多，既可用拉，也可用"撇"、"摆短"等方法回击。进攻时，对低球起板较容易。左右结合较灵活协调。

削球、搓球，发球时，搞旋转变化动作小，对方不易判断，缺点是攻击时，上臂、前臂的力量较难全部集中到手腕上，因而发力略受影响。削球时，因手腕较活，拍形不易固定，特别是削弧圈球较难控制。

深握的优点是握拍较紧，拍形比较固定。进攻时上臂、前臂的力量能集中到手腕上，发力比较集中。拉高吊、前冲弧圈球比较转、凶，扣杀球比较有力，弧圈球比较好控制，加转削球有力，旋转强。缺点是由于握法紧，手腕不够灵活，对攻时左右结合的灵活性稍差

横拍握法示范

一些，处理台内球比较困难，正手贴身球比较难打，削球时对中路靠右的短球比较难处理，削转与不转球动作差别较明显，易被对方识破。

握拍法细分

随着乒乓球战术的不断发展和完善，握拍法还可根据不同的战术加

以细分。一般来说，可以分为快攻类型握拍法、弧圈类型握拍法和削球类型握拍法。

快攻类型握拍法

快攻类型（包括左推右攻和两面攻两种打法）常见的握拍方法有以下三种：第一种方法：球拍柄右侧贴在食指的第三关节处，以食指的第二关节压住球拍的右肩，食指的第一关节自然向内弯屈，拇指的第一关节压住球拍的左肩（拇指与食指之间的距离要适中）。其他三指自然弯屈斜重叠，以中指第一指节托于球拍背面，使球拍保持平稳。

这种握拍法，手腕比较灵活。可以在发球时利用手腕动作，发出动作相似而旋转、落点不同的球；也可以很灵活地打出斜、直线球；对台内球的处理也较为有利，由反手位用反手击球后再打正手位的来球，以及由反手位用反手击球后进行侧身正手攻球时，有利于正、反手两个技术动作的协调结合。

对中路追身球，手腕可以自然下垂，通过手腕来调节拍形，对来球进行合理的回击。用这种握拍法进行正手攻球时，拇指与中指协调用力，食指相对放松，无名指微离中指，指尖轻托球拍背面，以保持发力时球拍的稳定。进行反手攻球或推挡球时，食指和中指协调用力，拇指相对放松。用手腕发力时（包括正、反手击球）以中指发力为主，拇指和食指保持拍形的稳定，同时作辅助用力。

第二种方法：握拍方法与第一种基本相同，但拇指与食指之间的距离较大（钳形较大）。这种握拍法有利于上臂和前臂的集中发力。因此，中、远台攻球，正手攻球，扣杀球都比较有力。但由于拇指与食指之间的距离较大，握拍较深，对手腕的灵活性有一定的影响，对处理台内球、转球、推挡球和追身球差。

第三种方法：拍柄右侧贴在食指第二、三关节之间，以拇指和食指的第一关节压住球拍的左右两肩，两指间的距离适中（但比第一种握法要小一些），以中指的第一指节左侧将球拍背面托住，无名指和小指斜叠在中指之下，用无名指辅助中指托住球拍背面，使球拍保持平稳。

这种握拍法为部分两面攻的运动员所采用，其优点是进行反手攻球时，提起前臂后拍头朝上，有利于反手高压打球，使打出去的球快速有力。

这种握拍法，由于沉手时拍形下垂，因此在进攻中路迫身球时比较协调。由于拇指与食指之间的距离较小，手腕比较灵活，因此易于处理台内球，对突击加转球也较好，其缺点是对正手离身球因拍形下垂而难以高压击球。同时因手腕比较灵活，拍形不易固定。

弧圈类型握拍法

直拍弧圈型的握拍有两种：第一，握拍与快攻型第一种握法相同。它在正手拉弧圈球时，拇指、中指和无名指协调用力，中指和无名指略微伸直（不是完全伸直，仍有一些弯屈），以利于出手击球时较好地保持拍形的前倾。

这种握拍法的优点是手腕比较灵活，正反手和推挡的结合比较容易，处理台内球也较好。缺点是拍形不易固定，对正手大角度球和扣杀较高的球较难处理。

第二，拇指贴在球拍左侧，食指轻轻扣住拍柄，形成一个小环状。中指和无名指较直地以第一指节托住球拍背部，小指自然紧贴在无名指之下。

这种握拍法，很自然地将手臂、手腕和球拍联成一条线，拍呈横状，扩大了右半台的照顾范围。在正手拉弧圈球和扣杀时，容易发挥手臂的力量。正反手结合运用时，主要靠前臂带动手腕作回旋动作。缺点是手腕不灵活，处理快攻球、台内球，追身球及反手近台球比较困难。

削球类型握拍法

直拍削球型的握拍是拇指自然弯屈，紧贴拍柄左侧，第一指节用力下压，其余四指自然分开托住球拍背面。这种握拍法削球的照顾面较大，正反手削球时以手臂的转动调节拍形。削中转攻或推挡时，食指要迅速移到前面，第二指节压住球拍右肩；拍后三指则改为自然弯屈托住拍底。

握拍应该注意的问题

（1）无论哪种握法，握拍都不应过紧或过松。过紧会使手腕僵硬，影响发力时的手腕动作，过松则影响击球力量和击球的准确性。

（2）握拍不宜太浅。直握时，食指和拇指构成的钳形不能过大或过小，以免影响手腕动作的灵活性。

（3）在变换击球的拍面、调节拍面角度时，要充分利用手指的作用。

（4）不应经常变化握拍方法，否则会影响打法类型及风格的形成，尤其是初学者，更应注意。

发　球

正手平击发球

特点、性能和作用

平击发球是一种一般上旋、一般速度的发球，它是初学者最基本的发球方法，也是掌握其它发球的基础。平击发球不会使球发生强烈旋转，对方容易回接，回接后进行正手攻球或反手推拨很容易形成来回球，使初学者很快对攻球和反手推拨形成正确的"动力定型"。

动作要领

击球前：站位近台，含胸收腹、屈膝，身体重心移至前脚掌。左手托球向上抛起，同时右臂内旋，使拍面角度稍前倾，向身体右后方引拍。当球抛至高点后开始下降时，右臂从身体右后方向右前方挥动。

击球时：当球从高点下降至高于球网时，击球中上部向左前方发力。球击出后第一落点在球台中央。

击球后：手臂继续向左前方随势挥动，迅速还原成准备连续相持姿势。

注意事项

发力部位以前臂带动手腕为主，动作过程中身体重心从右脚移至左脚。

初学者容易出现不抛球、台内击球或犯规的合力击球。从开始学发球即力求做到技术动作规范、合法，为以后学练高难度发球打好基础。

反手平击发球

特点、性能和作用

反手平击发球的技术动作，从站位、引拍、转体到手腕摩擦用力方法和还原动作等都与正手平击发球的技术动作完全不同。初学者学习反手平击发球的主要目的应是为以后掌握高质量的反手发球打下基础。

动作要领

击球前：站位于球台偏左角，右脚稍前或平站，身体略向左转，左手掌心抛球置于身体左侧前方。同时，右臂外旋，使球拍角度稍前倾，向身体左后方引拍。

击球时：当球从高点下降至稍高于网时，右臂从身体后方向右前方挥动，击球中上部向右前方发力，球击出后第一落点在球台中央。

击球后：手臂和手腕继续向右前方随势挥动并迅速还原。

注意事项

发力主要部位以前臂和手腕为主，动作过程中身体重心从左脚移至右脚。初学者易出现不抛球，台内击球，或用球拍向前下方切击使球产生急下旋，不利于基本功训练。

从初学反手平击发球开始，应重点体现出上下肢及腰、髋关节协调用力。要求技术动作规范并符合规则。如练横拍或直拍两面攻打法，则学练反手发球就显得更为重要。

正手奔球

特点、性能和作用

此种发球的特点是球速快、落点长、冲力强、角度大且突然性强。

球的飞行弧线低并向左偏斜，具有较强的右侧上旋。有时根据战术需要，有目的地要与对方形成中、远台相持球时，采用此种发球是很有效的。

对初学乒乓球的少年儿童选手，由于脚步移动不快，两面照顾范围不大，故使用此种发球就会显得更为有利。迎战擅长搓攻打法的运动员，使用奔球也很有效。

动作要领

击球前：左脚稍前，身体略向右偏斜，左手掌心托球置于身前偏右侧，左手将球向上抛起，同时右臂内旋，使拍面角度稍前倾，前臂手腕自然下垂，肘关节高于前臂，向身体右后方引拍。

击球时：当球从高点下降至近于网高时，击球右侧向右上方摩擦，触球一瞬间拇指压拍，手腕从右后方向左上方挥动。球击出后第一落点接近端线。

正手奔球发球瞬间

击球后：手臂继续向左前方挥动并迅速还原。

注意事项

发力部位以前臂手腕为主，动作过程中身体重心从右脚移至左脚。

选位时，可站在侧身位发斜线和直线大角度快速长球，也可以站在球台中间，向对方正手位或反手位发两条线长球，要求两条线角度尽量偏大，球落到对方球台后，都要求从边线大角度出台。

反手奔球

特点、性能和作用

反手奔球多在训练中使用。特别是在基本功训练中，用反手发一个奔球，略带有一点急上旋，站住中、近球台，有利于打来回。比赛中有时根据战术需要，为了牵制对方，配合主要战术打法，偶尔使用一个反手急球，有目的地压住对方反手，再突变正手。

反手奔球的特点是球速快、落点长、冲力大，飞行弧线向对方左侧偏斜，具有较强的左侧上旋。

动作要领

击球前：右脚稍前或平站，身体略向左偏斜，左手掌心托球置于身前偏左侧，左手将球向上抛起，同时右臂外旋，使拍面稍前倾，上臂自然靠近左侧，向身体左后方引拍。

击球时：右臂以肘关节为轴心，前臂向左前方横摆，腰部也配合从左向右转动。球从高点下降至低于网高时，击球左侧中上部，触球一瞬间前臂加速向右前上方挥动，手腕控制球拍加力摩擦球，腰部配合向右转动。

击球后：球第一落点接近球台端线。击球后，手臂继续向右前上方挥动并迅速还原。

注意事项

发力部位以前臂配合手腕转动摩擦为主，动作过程中身体重心从左脚移至右脚。

反手奔球与反手平击发球的最大区别在于：反手奔球速度快、带有上旋，球着台后，反弹弧线偏低，飞行弧线略有偏拐。

反手发下旋加转球

特点、性能和作用

反手发下旋加转球时，往往与反手发不转球相配套。直、横拍两面攻打法选手多采用此种发球。在落点上运用直、斜线，长、短球的巧妙配合，有利于第三板两面抢攻。

动作要领

击球前：右脚稍后或平站，身体略向左偏斜，左手掌心托球置于身体左前方。引拍时，左手将球向上抛起，同时右臂内旋。直握拍手腕屈，横握拍手腕外展，使拍面后仰，向身体左后方引拍。迎球时，右臂从身体左后上方向右前上方挥动。

击球时：当球从高点下降至稍高于或平于网高时，前臂加速向右前下方发力，同时直握拍手腕伸，横握拍手腕内收，击球中下部向底部摩擦。球击出后第一落点接近球网。

击球后：手臂继续向右前下方随势挥动并迅速还原。

注意事项

发力部位以前臂和手腕为主，动作过程中身体重心从左脚移至右脚。

反手发球技术动作由于受身体限制，应充分发挥收腹、转腰协调用力作用。在球拍触球的一瞬间，加大手腕、手指用力是提高发球质量的关键。

正手发左侧上（下）旋球

特点、性能和作用

正手发左侧上（下）旋球，是运动员在比赛中运用较多的发球方法。这种发球以旋转变化为主，飞行弧线向对方左侧偏拐，对方回球也向自己左侧上（下）反弹。使用近似手法发出两种不同旋转球，能起到迷惑对方的作用。

动作要领

击球前：站位左半台。左手掌心托球置于身体右前方。引拍时，左手将球向上抛起，同时右臂外旋，直握拍手腕曲，横握拍手腕外展，使拍面方向略偏向左侧，向右上方引拍，腰部略向右转动，迎球时，右臂从右上方向左下方挥动。

击球时：当球从高点下降至接近网高时，前臂加速向左挥摆，直握拍者手腕曲，横握拍者手腕内收，腰部配合左转。击球中部向左侧上方摩擦为左上旋球，击球中部向左侧下方用力摩擦为左侧下旋球。根据发球的长短调整球的第一落点远近。

击球后：手臂继续向左方随势挥动并迅速还原。

注意事项

左侧下旋发球动作方法大致与左侧上旋发球动作相同，区别在于：

引拍向后上方，手臂向左下方挥摆，击球中下部向左侧下方摩擦，触球高度略高于网。

横握拍发左侧上（下）球时，最好将握拍的三个手指松开，以增加手腕的灵活性。

比赛中，可将正手发左侧上旋球与正手发左侧下旋球配套使用，以便用相似的手法，发出旋转反差较大的侧上、下旋球，为第三板创造机会。

如果对手是削球打法或接发球技术比较保守，则可用发侧上旋球开路以占据主动。

反手发右侧上（下）旋转球

特点、性能和作用

反手发右侧上（下）旋球以旋转变化为主，飞行弧线向左偏拐，对方回球向右侧上（下）反弹。由于运用近似手法发出两种不同旋转的球，故能起到迷惑对手的作用。

动作要领

击球前：站位左半台，右脚稍前或平站，身体略向左偏斜，左手掌心托球置于身体左前方。引拍时，左手将球向上抛起，同时右侧稍内旋，使拍面几乎垂直，向左后方引拍，腰部略向左转动。迎球时右臂从左后方向右上方挥动。

击球时：当球从高点下降至接近网高时，前臂加速向右上方挥摆。直握拍手腕伸，横握拍手腕内收，腰部配合向右转动。击球中部向右上方摩擦会发出右侧上旋球，击球中部向右侧下方用力摩擦侧会发出右侧下旋球。根据发球落点调整球的第一落点远近。

击球后：手臂继续向右上方随势挥动并迅速还原。

注意事项

右侧下旋发球动作方法大致与右侧上旋发球动作相同，区别在于：引拍向左上方，右臂向右前下方挥摆，击球中下部向右侧下方摩擦，触球高度略高于网。

横拍发反手上（下）旋球要加大上臂向右方挥拍幅度。

反手发急下旋球

特点、性能和作用

反手发急下旋球的特点是：球速较快并带有下旋，对方推、拨回接容易造成下网失误，而用搓球回接容易出现机会球。球发出后，飞行弧线低而长。

动作要领

击球前：站位左半台，两脚几乎平站，身体正对球台，左手掌心托球置于身体前方。引拍时，左手将球向上抛起，同时右臂稍做内旋使拍面略向后仰，向腹前上方引拍。迎球时，右臂由身体后方向前上方挥动。

击球时：当球从高点下降至稍低于网高时，前臂加速向前下方推切，手腕同时稍外展，击球中下部。

击球后：球击出后第一落点接近端线。手臂向前下方随势挥动并迅速还原。

反手发急下旋球动作要领

注意事项

此种发球只能作配套及牵制使用。发力部位以前臂和手腕为主，动作过程中重心在两脚。

正手发高抛左侧上旋球

特点、性能和作用

高抛发球是一种合法的合力发球，高抛球除具有低抛发球的特点外，由于将球高抛2~3米当球下落时，受其下降速度的影响，使球加大垂直下降的重力。同时，用拍加力由右向左摩擦球时，又会产生一个左右的横向力，"二力合一"从而增大球速和旋转。

动作要领

发球时：站位左半台，左手掌心托球置于身体右前方，引拍时，左手向上将球向上垂直高高抛起，同时右臂外旋，直握球拍者手腕伸，横握球拍者手腕外展，使球面方向略向左侧，向右上方引拍，腰部略向右转动。迎球时，右臂从右上方向左下方挥动。

击球时：当球从高点下降至网高时，前臂加速向左上方挥摆，腰部配合向左下方转动，前臂手腕控制球拍，击球中部向左侧上方摩擦用力。

击球后：手臂继续向左下方随势挥动并迅速还原。

注意事项

根据发球的长短调整球的第一落点远近。发力部位以前臂、手腕和手指为主，腰部辅助。将球上抛后，由于球体下降速度逐渐加快，初学者掌握准确击球时间有难度，容易出现漏球。经过练习熟练后即可避免这种情况。

正手发高抛左侧下旋球

特点、性能和作用

比赛中，可将正手高抛发左侧下旋球与正手高抛发左侧上旋球配套使用，使用相似的手法，发出旋转反差较大的侧上、下旋球，为第三板进攻创造机会。

动作要领

正手高抛发左侧下旋球动作方法大致与正手高抛发左侧上旋球动作相同，区别在于：引拍向后上方，手臂向左下方挥摆，击球中下部向左侧下方摩擦用力。

注意事项

横握拍运动员发左侧上

正手发高抛左侧下旋球

（下）旋球球，最好将握拍柄的三个手指放松，以增加手腕的灵活性。发摩擦球时，加大向球底摩擦力是提高旋转质量的关键。

正手下蹲发右侧上旋球

特点、性能和作用

下蹲发球以旋转变化为主，多用于横拍选手。由于摩擦球的部位和方向与下手类发球不同，所以发出的旋转球落到对方台面时，反弹方向也不同于一般下手类发球。

下蹲发球在当今的乒乓球比赛中已运用较少，也正因为如此，在比赛中偶尔使用往往会令对手感到陌生、突然和不适应。如果根据对手的打法和技术特点有针对性地运用下蹲发球，有时在关键时刻会起到意想不到的效果。

动作要领

击球前：左脚稍前或两脚平行站立，身体向右偏斜，左手掌心托球置于身体右前方。引拍时，左手将球向上抛起，同时做下蹲姿势，右臂上举比肩高，手腕外展，拍面方向略向左偏斜。迎球时，右臂从左向右前上方挥动。

击球时：当球从高点下降至网高或稍高于网时，前臂加速从左向右前方挥动，手腕同时内收向右侧上部摩擦。

击球后：手臂手腕继续向前上方随势挥动，迅速还原准备下一板击球。

注意事项

发力部位以前臂和手腕为主，动作过程中身体重心在两脚之间。

正手下蹲发右侧下旋球

特点、性能和作用

在比赛中，正手下蹲发右侧下旋球多与正手下蹲发右侧上旋球配套使用。用相似的手法，发出旋转反差较大的侧上、侧下旋球以迷惑对手，为第三板抢攻创造条件。

动作要领

从出球前的准备姿势到击球后的还原姿势，下蹲正手发右侧下旋球动作方法大致与下蹲正手发右侧上旋球动作相同。区别在于：球从高点下降高于网时，球拍要比球高，击球中上部并向右侧下方摩擦，前臂从左向右前下方挥动。

注意事项

学练下蹲发球容易出现球在上升时击球和向后侧抛球偏离角度过大等犯规动作。为提高下蹲发球的威力，在球拍触球一瞬间突然改变拍面和手法。应做到正反手都能发出不同旋转和落点的球。

反手下蹲发左侧上旋球

特点、性能和作用

在比赛中，下蹲反手发左侧上旋球可与下蹲反手发左侧下旋球配套使用。使用此种发球对接发球方法保守、以搓接为主的运动员比较有效。

正手下蹲发右侧下旋球

动作要领

下蹲发反手左侧上旋球的动作方法与下蹲发反手左侧下旋球动作方法大致相同。区别在于：击球中部向左侧上方摩擦，前臂和手腕从右向左上方挥动发力。

注意事项

下蹲发反手左侧上旋球，对方回接速度较快，角度也可能很大。因此要求蹲地还原速度要快，以便接下板球。此种发球的手法，拍形角度暴露较充分，对方判断旋转难度不大。从战术、打法需要的角度考虑，可做配套发球或在关键时刻作为非常规突然使用。

反手下蹲发左侧下旋球

特点、性能和作用

在比赛中，下蹲反手发球可与下蹲正手发球配套使用，两种发球在击球前的准备姿势、引拍及抛球动作完全一样，只是在击球时，突然改变拍形角度和用力方向，即可发出多种不同旋转、速度和落点的球。

反手下蹲发球落到对方球台后反弹弧线向左侧偏拐，有利于制约对方侧身抢攻。

动作要领

击球前：两脚平行开立，身体正对球台。引拍时，左手将球向上抛起，同时做下蹲姿势，上臂向右下方引拍手腕内收。迎球时，右臂从右下方向 左上方挥动。

击球时：当球从高点下降至平行于网或稍高于网时，前臂加速从右上方向左下方挥动，手腕同时外展，击球中部向左侧下方摩擦。球击出后的第一落点应根据发球长、短合理调整。

击球后：手臂继续向左前上方随势挥动，迅速蹬起准备下一板击球。

注意事项

在落点选择上，以发对方正手位短球和反手位长球为宜。不过，下蹲发球在控制短球落点上难度较大。

反手发不转球

特点、性能和作用

在比赛中，反手发不转球多与反手发加转下旋球配套使用。在反手发不转球动作与反手发加转下旋球动作外形上大致相同，很容易使对手因判断错误而失分或为第三板抢攻创造机会。

动作要领

反手发不转球动作方法与反手发下旋加转球动作方法的主要区别在

于：手臂内旋幅度小，减少拍面后仰角度，击球中部或中下部，减少向下摩擦的力量，稍加向前推球，使作用力靠近球心，从而形成不转球。

注意事项

发正手位短球多半以不转为主，发反手位长球多半以加转为主。在长、短球落点上，力求做到短则短、长则长，切忌发出半长不短、旋转反差不大的球。

接　球

接发球的方法是多种多样的。即便是接同一种发球，由于每个人的打法各异、技术水平不等，因此在回接方法上也有所区别。

下面介绍几种主要接发球的方法，多以横拍或直拍进攻型打法为主。

接急球

所谓急球是指对方发出的直线、斜线或中路底线的长球，具有角度大、速度快的特点。回接急球时，站位应偏远一点，以便做好充分的准备，判断和起动都要快。

根据来球的速度、旋转和落点，采取点、拉、冲、拨、推等方法回接。接正手位的奔球、侧旋球或侧上旋球，都以点、攻、冲为主；接侧旋急长球，以拉冲为主；接反手位的奔球、侧旋或侧上旋球时，多以快推、快拨对方大角度或用反手攻和侧身点、冲方法。

接下旋球

接下旋球可采用稳搓、摆短、劈长、挑、冲拉等方法。对于初学者，回接下旋球的最基本方法就是稳搓，要求搓稳、搓低，不能下网。

对具备一定水平的乒乓球运动员，接下旋球时，一定要积极主动，

接急球规范动作

要加大回接难度质量。如对方发球旋转很强，就要用摆短、劈长方法回接，还要加大回接的旋转和落点难度。

由于下旋发球具有速度不是太快而旋转变化较大的特点，因此，接发球的准备时间相对较充足，而在判断旋转强度和回接球的手上控制难度要加大。

强烈下旋发球，一般都用手法相似的不转发球相配套。这就要求接发球者判断准确，看清来球旋转强度和落点后，敢于上手。如果没有胆量，求稳搓接，甚至托接，多半会被对方抢攻。

搓接不转球，不会使球产生较大旋转变化，容易被对方抢攻，造成被动或失分。

在运用反手拉技术回接反手位侧下旋长球时应注意：如对方发球的速度不是太快、角度不大、旋转一般时还比较容易回接。但如果对方发球质量较高，就要求两面拉球或冲球时手感强，用摩擦旋转来克制对方的旋转。

让位要充分，抢冲对方两大角。如能对来球旋转判断准确，用搓挤的方法回接也很有效。如对方的发球是急下旋，用正常的搓球方法回接容易出高球，用推、拨的方法回接又容易下网。这时可用搓挤回接，还可使回球产生一定的急下旋，但要注意掌握好击球时间、拍形及用力方法。

当今一些世界优秀选手发急侧上、下旋长球，在速度、旋转和落点上的质量都很高，主要战术目的在于牵制对手，锁住接发球者的站位，然后，以基本功的实力进行相争。

总之，在接发球技术上，运动员必须全面掌握各种手法，这样才能做到随机应变，积极主动。

接左、右侧上、下旋球

站在反手侧身位用正手发球，使球产生左侧上、下旋。站在反手侧身位，用反手发球，使球产生右侧上、下旋。

目前，在国内外运用此种发球的选手为最多。无论是高抛还是低抛、反手还是正手发球，除下旋转与不转球外，基本上都是左、右侧上、下旋球。但左、右侧上、下旋球是一个统称，也只是一个旋转的概念，并不包括速度和落点的因素。左、右侧上、下旋球都有斜线长、短球，中路长、短球，直线长、短球之分。

在这其中，还有以旋转落点为主或以速度落点为主之分。同样是左侧下旋斜线长球，一个是斜线角度大，旋转较强；另一个则可能是斜线角度大、速度快。

因此，左、右侧上、下旋球是一个统称。如果详细用旋转、速度及落点划分起来，可分出几十种。

对发球者来讲，较大的发球旋转反差变化，都是在球拍触球的一瞬间，通过调整拍形和触球用力方向而产生的。这就要求接发球者在判断准确的基础上采用相对固定的接发球模式，并在这一接发球模式制约下，加强有针对性地强化训练，以提高接发球的质量和命中率。

接出台长球或半出台球，无论是直、中、斜线侧上、下旋或半出台球，一定要立足于抢拉、抢冲或抢点。

至于在什么情况下运用，则要根据对方发球的速度、旋转及落点而定。接旋转较强的侧下旋长球和半出台球，以抢拉加转高吊球弧圈为主。

接旋转一般、速度较快的侧旋、侧下旋或侧上旋球应以冲点为主。

直握球拍接反手位斜线大角度长球时，要求步法移动要快，让位要充分，侧身抢拉或者抢冲。如来不及侧身，能用直拍反手横拉技术最好，用反手横拉抢先上手后可制约对方发抢，变成上旋球后打来回、打摆速，就不至于陷入被动。

当然，回接反手位侧旋或侧上旋球，用推、拨、挤或反手攻的方法都是有效的，关键是推、拨、挤、攻的质量，要求在不失误的前提下，速度快、力量大、落点刁。

接短球

短球也是一个统称，从路线上可分为反手位、中路、正手位短球。从旋转上可分为上旋、下旋、侧旋、侧上旋、侧下旋和不转的短球。

在接短球的方法上，要根据不同球性而异。当然不排除同一种发球可用几种回接方法。比如：接正手位一般侧下旋的短球，可摆短、也可以劈长，可快挑、也可以晃接。在这种情况下，接发球的方法就取决于你本身接发球的能力。如能熟练地掌握和运用上述各项技术，就应以速度快，积极主动的挑、撇为主，以提高接发球的质量。

目前，高水平的乒乓球运动员接发球抢攻能力都很强，对出台或半出台球，无论其旋转速度如何，都能以质量较高的弧圈球进行接发球抢攻。这就迫使发球者多以短球为主来制约对方，而且短球发的落点严格，球的第二跳都不得从球台的边线或端线出台，同时还伴有手法极相似的旋转反差变化。

因此，要求回接短球时首先是头脑冷静，判断准确；然后是接球的方法合理，快挑、摆短、劈长等方法要合理运用。要根据来球的性质及本人技术水平、打法特点来选择回接方法。

值得注意的是，受固有的打法意识影响或恐惧对方弧圈球的心理作用，有些选手的回接短球方法以摆短多，而劈长、撇长少，显得接发球过于保守且威胁性差。应当讲，快速加转摆短球对制约对方抢攻是一个行之有效的方法，但一味地摆短，使回接球的落点、线路变化不多，也会削弱摆短威胁。

发长球要有不怕对手拉的准备，主动打实力。劈长球也一样，迫使对方大幅度移动和让位，抢拉弧圈，然后，有充分的时间准备和落点制约，准备带、打弧圈，进行实力之争。如果摆短出半高球，易被动挨打，球靠近球网，易被对方抢攻。

因此，接对方旋转反差很大的短球进行摆短，要求回球快、短、低、转，缺一不可。

劈长球，多半是正手空位大角度或反手位追身，回球角度大、线路长，容易在下一板球转为相持。因此，回接短球时，一定要提倡积极主动，多以挑、点、撇为主。然后，是根据来球摆短、劈长灵活运用，不拘一格。回接的方法多，落点活。

当然，接发球的方法不排除战术的需要，而且服从战术的需要还是第一位的。

比如：对方发球抢攻是特长，是主要得分手段，尤其是擅长正手位和中路抢拉弧圈球。那么，就要求接发球的第一板，死逼对方反手位大角度，使其很难侧身抢拉，只好再过渡一板。这样从整体战术的角度要求，就有效地破坏了发球者的抢攻。

提高对发球性能的判断力

正确判断对方发球的性能（速度、落点和旋转），是练好接发球的技术关键。只有正确判断对方发球的性能，才能用适当的方法去接发球，判断不及时或判断失误往往是接发球被动和失误的主要原因。

要提高接发球的判断能力，首先要深入研究发球技术。在熟练掌握自己特长的发球技术基础上，还要看别人怎样去接各种发球并从中吸取经验教训。当你对某种发球难于接好时，就更要多动脑筋，多观察，请对方多发这样的球，然后用各种不同方法去接。

当对某一种球用自己的特长接法接不好时，应采取其他的辅助方法接球，有时也可收到好的效果。这就要求方法上灵活多变，善于思考。还要加强判断的灵活性，在练习中多看、多练、多实践，互相讨论研究，找出规律和方法。

要集中注意力观察对方发球动作的细节

一般用眼睛的余光就可以看清对方发球时上臂和前臂的挥拍动作。例如：对方缓慢而放松的将前臂向后拉，然后快速地向前摆动，就会发出急球；同时由下向上就是上旋急球，急球往往是落点长的底线球。对方快速向后引拍，然后向前摆动，在接触球瞬间突然减速向前摆动，会发出上旋球或下旋球；前臂左右摆动，往往会发出左侧旋球或右侧旋球。

观察对手手腕动作是掌握正确判断的关键

必须高度集中注意力去观察对方发球时的手腕动作。因为手腕做摆动动作时幅度不大，不像前臂摆动那样容易看清楚。另一方面，在拍触球的一刹那间对球所产生的旋转变化，手腕摆动起到决定作用。这就是我们 常说的手腕抖动。要看清楚手腕在发球时这样抖动是掌握正确判断的关键。

第一，当手腕动作和前臂摆动方向一致时前臂挥动方向就是球的旋转方向。

第二，当前臂摆动手腕不动时，发球的旋转和速度就决定于前臂。

第三，当手腕动作方向与前臂摆动方向不一致时，则手腕动作决定拍触球的旋转性能，前臂的摆动主要决定发球前进力的强弱。

第四，当手腕动作方向跟前臂摆动方向相反时手腕动作使拍触球决定发球的旋转，而前臂摆动则是起迷惑作用的假动作。

以上分析可以看出，手腕动作虽然较复杂，但也有一定的动作规律，只要仔细观察，反复实践，总结经验，就会及时的判断清楚对方发球的各种复杂性能。判断对方发球的集中点，就是拍触球的一刹那间手腕动作促成的拍与球之间的关系。

另外还应注意，影响接发球判断力的因素还有思想上过度紧张，这种紧张多产生于比赛中接发球连续失误以后。此外平时练习中思想过于放松、不重视，也导致比赛中接发球过于紧张。

击球落点

在回接球的方法上，要求落点严格是非常重要的。落点是指击球后球命中对方台面上的一点。落点取决于来球的旋转性能、力量大小和击球方的拍面方向。

如果来球力量大、上旋强不易回短球。来球有侧旋则拍面除对向要打的方向外还应抵消来球侧旋所引起的向侧反弹。击出的球力量大则远、力量小则近。同样的力量击出的球，上旋越强，落点越近。研究乒乓球的落点和击球路线，对于提高击球质量和战术效果是十分重要的。

击球落点的作用

第一，扩大对方的跑动范围。尽量最大限度地调动对方前、后、左、右跑动中击球。例如，长短球结合、逼大角度、交叉攻击左右大角等，增加对方回球的难度。这样的落点给对方造成的威胁大，不仅可以调动对方大幅度地左右移动，而且有助于摆脱对方的控制。

第二，增加对方让位和击球的难度。如回击近网球、追身球等。落点越让对方"别扭"越好，对方往往不能及时占据合适的击球位置勉强回击造成回球失误或影响击球质量。

第三，回击对方的弱点和压制对方特长技术的发挥。紧逼对方的技术弱点，即能够有效抑制对方的特长，又利于允分发挥自己的技术。

第四，声东击西使对方失误。回球落点与对方所判断的方向及步法移动的方向相反，效果最好。

提高控制落点能力

第一，固定落点的练习。在基本技术练习时，将台区划分为若干区域，要求运动员将球回击到所规定的范围内。

第二，按规定的击球路线进行变化落点的练习。如一点打多点、多点打一点、逢斜变直，逢直变斜等练习。

第三，采用多球练习的方法，要求按规定将不同落点、不同旋转性质、不同速度和力量的来球回击到某一球台区域内，或命中某一目标。

推挡技术

推挡技术的特点是站位近、动作小、球速快、变化多，是我国直拍快攻打法的一项重要基本技术。在对推中，可用推挡结合落点变化来调动对方，争取主动；也可以在快的前提下，结合力量和旋转的变化控制对方，为自己进攻创造有利的时机，又能起到积极防御或从相持变为主动的作用。推挡技术具有以下特点：

（1）速度快。速度快是对推挡球最为重要的要求。推挡如果没有快速的特点，将失去它主要的作用。因此，在掌握和运用推挡时，加快推挡的速度是最基本的要求。

（2）力量大。推挡时如增加一两板大力推挡，则会大大增加推挡球的速度。快而无力的推挡如果没有力量的变化，对方比较适应，比赛中很难获得主动。

（3）变化多。推挡球由于动作小，速度快，它的变化往往因为动作小而比较隐蔽，使对方难以对付。如节奏的快与慢，力量的大与小，落点的长短，线路的左、中、右，旋转上的上、下旋等都要有所变化。

（4）有韧性。要求以攻为主打法的选手，在相持中要有连续推十几板甚至几十板的能力。推挡的韧性对于快攻运动员在比赛中稳定地发挥技术有着重要的意义。

推挡技术根据速度快慢、击球时间、发力大小、发力方向、拍面角度、触球部位和回球旋转的不同，分别按反手快推、加力推挡、推挤、下旋推挡、减力挡来介绍。

快推

特点与运用

快推具有速度快、落点变化灵活的特点。快推一般适用于相持球和对付弧圈球技术，也可在对攻和相持中运用对推两大角或突击对方空当，争取主动。

动作要领

（1）身体靠近球台，两脚平站或左脚稍前，两脚间与肩同宽或稍宽。肘关节靠近身体略前的位置。重心在前脚掌上，拍形基本与台面垂直。引拍时，球拍稍高于球或与球同高。

（2）视来球情况，即迅速移动脚步，取好位置，上臂带动前臂向前迎球。在来球的上升期，触球的中部或中上部，向前下方推送。手腕配合前臂往前发力，拇指放松，食指用力压拍，中指顶住拍底，使拍形前倾。身体重心快速落在左脚，上体随手臂发力微向左后转动。

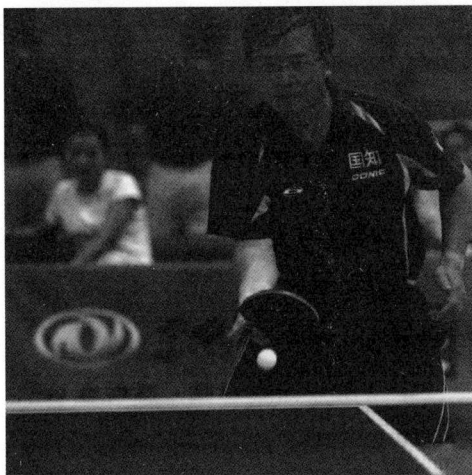

反手推挡

（3）球推出后，迅速放松，还原，准备下次击球。

加力推

特点与运用

回球力量重，球速快，有落点变化。加力推挡适用于对付速度较慢、旋转较弱的上旋球或力量较重的攻击。与减力挡配合运用能有效地牵制对方，夺得主动。

动作要领

（1）使用加力推挡技术时应注意，站位在球台中间或偏左，身体离台约50厘米；两脚平站或右脚稍前，两膝微屈，收腹含胸，身体向前或略向左转；右上臂和肘关节靠近身体右侧，前臂外旋并向上提起，引拍至身前或偏左，与球网同高或略高，拍面稍前倾。

（2）来球飞越球网时，上臂、前臂和手腕向前，挥拍迎球，同时，腰、髋向左转动，在来球的上升后期或高点期，以前倾拍形推击球的中上部。

（2）击球瞬间，上臂、前臂和手腕向前下方发力推压，腰、髋亦协助用力。再用推挡技术击球后，手和臂顺势向前下方挥动，并迅速还原成准备姿势。动作过程中，身体重心从左脚移到右脚上。

推挤

特点与运用

推出去的球带有侧下旋，弧线低，角度大。主要用于对付弧圈球，也可在相持中利用改变球的旋转、角度、落点变化，增大对方进攻的难度，为自己的进攻创造有利时机。

推挤虽然角度大、弧线低、落点较短，但球速较慢，必须与其它技术配合使用，才能较好地发挥它的作用。

动作要领

（1）使用这一技术的时候应该注意，站位在球台中间或偏左，身体离台约40厘米；两脚平站或左脚略前，两膝微屈，收腹含胸，身体向前；右上臂和肘关节靠近身体右侧，手臂自然弯曲，前臂上提并外旋，引拍至身前，使拍面稍前倾。

（2）来球从台面弹起后，前臂和手腕向左前下方挥拍迎球，在来球的上升前期，以稍前倾的拍形推击球的中上部，球拍击球瞬间前臂和手腕向左前下方发力，击球后，手和臂顺势向左前下方挥动，并迅速还原成准备姿势。

（3）动作过程中，身体重心放在双脚上。

下旋推挡

特点与运用

下旋推挡有回球弧线低、落点长、带下旋并且落台后向前滑的特点。主要用于助攻和在相持阶段中突然变化推挡节奏和旋转变化，扰乱对方以达到主动进攻的目的。

动作要领

（1）球台中间或偏左，身体离台约40厘米；两脚平站或左脚稍前，两膝微屈，收腹含胸，身体向前或略向左转；右上臂和肘关节靠近身体右侧，前臂略内旋并提起，引拍至身前或偏左，与球网同高或略高，拍面微后仰。

（2）来球从台面弹起后，前臂和手腕向前下方挥拍迎球，在来球的上升后期或高点前期推击球的中部。

（3）球拍击球瞬间，上臂、前臂和手腕用力使球拍向前下方摩擦球。击球后，手和臂顺势向前下方挥动，并迅速还原成准备姿协。动作过程中，身体重心放在双脚上。

减力挡

特点与运用

减力推挡具有回球弧线低、落点短（球落台后不向前走）、力量轻的特点。一般在对攻相持中，在加力推或正手发力攻迫使对方离台后使用。加力推和减力挡的结合运用，是对付中台两面拉弧圈打法的有效手段。

动作要领

使用减力档的时候应注意，站位在球台中间或偏左，身体离台约40厘米；两脚平站或右脚略后，两膝微屈，收腹含胸，身体向前或略向右，上臂和肘关节靠近身体右侧，手臂自然弯曲，引拍至身前或偏左，同时前臂外旋，使拍面稍前倾。来球从台面弹起后，前臂和手

搓球

腕向前挥拍迎球，在来球的上升期，以前倾拍形推击球的中上部。球拍击球瞬间，前臂和手腕轻轻后移，以减小来球的反弹力（即减力），使

球轻轻飞回。击球后，迅速还原成准备姿势。动作过程中，身体重心放在双脚上。

搓球技术

搓球，是近台还击下旋球的一种基本技术。回球多在台内进行。具有击球稳健、变化较多的特点，可用来接发球或作为过渡球，积极为转入进攻创造条件。搓球还是削球打法的入门技术。

慢搓

特点与运用

慢搓是搓球技术中最基本的一种，力求稳、转与落点。这种球一般击球的高点期，以拍接触球的中部并向底部磨擦，搓的时候要注意旋转与落点，其优点在于慢，缺点也在于慢。因为慢，所以转，落点好控制，却也因为慢，对手有充分的时间准备击球。

慢搓动作幅度大，在来球的下降期击球，回球速度慢，但有利于增加搓球的旋转强度。慢搓一般适用于回接旋转较强，线路稍长的来球。在对搓中，快慢搓结合起来，可以变化击球节奏，牵制对方。

动作要领

（1）应根据来球的具体情况，控制好拍面的后仰角度。

（2）击球时，前臂用力为主，转腕动作不宜过大。

（3）搓加转球，在向下用力的同时，应增加前送的幅度。

快搓

特点与运用

快搓是在慢搓基础上发展出来的一种击球时间比慢搓早、节奏比慢搓快的搓球。特点是速度快、节奏快。缺点是球的旋转不够。

快搓动作幅度小，回球速度快，借来球的前进力将球搓回，常用于接发球或削过来的近网下旋球，在对搓中，利用快搓变化击球节奏，缩短对方回球的准备时间。

动作要领

（1）身体重心前移，身体靠近来球。

（2）前臂主动前伸插向球的中下部。

（3）快搓一般借力还击，若来球下旋弱可用力下切。

摆短

特点与运用

摆短是目前各种类型打法运动员都必须掌握的技术，摆短技术掌握得好可以有效地抑制对方运动员威力较大的进攻，并为自己的进攻创造机会。

摆短弧线低、落点短，对付近网的下旋球比较容易，对付长球或旋转不强的下旋球比较难。并且必须有其它技术相配合，否则在对方适应后宜陷入被动。

动作要领

（1）在球的上升期接触球的中下部，以体现速度。

（2）手臂离身体要近一些，离得远就很难控制这种精细的技术，影响准确性和质量。

（3）手臂不要过早伸入台内，这样不能形成较合理的节奏感，难以体现摆短出手快的特点。初学者要下功夫，反复体会以上三点，才可能把摆短练好。

劈长

特点与运用

劈长是比赛中比较常用的搓球技术，回球弧线高度较低，速度较快，落点长。

运用正手劈长技术可以搓出又长又急的下旋球，最好能使球的落点在对方的端线附近，这种球由于使对方感觉来球"顶"球拍，从而难于发力。运动员在比赛中如果能将本技术与摆短技术巧妙结合，可以充分地调动对方，为本方运动员的进攻创造机会。

动作要领

与其它搓球技术相比球拍稍垂直，上升期或高点期击球中下部，大臂带动前臂向前下方"砍球"，以前臂发力为主，触球时运动员前臂和手腕用力向前下方摩擦球，注意应打摩结合，也使球产生向前的速度。

撇搓

特点与运用

撇搓回球向侧拐。撇搓是比较高级的搓球技术，运用撇搓可以搓出侧旋球，从而使回球改变节奏和线路，撇搓技术掌握得好可以有效地抑制对方运动员威力较大的进攻，并为自己的进攻创造机会。

动作要领

球拍稍后仰，高点期或下降前期触球左侧中下部，触球时运动员前臂和手腕用力向左摩擦球，手腕前顶，伸手腕，使球拍更好地贴住球，以增大向左的摩擦时间，增加球的侧旋强度。

搓转与不转球

特点与运用

用相似的手法搓出转与不转球（相对而言），使对方判断错误而直接得分，或为抢攻创造条件。在对搓中，把旋转变化与落点变化巧妙地结合起来，可以获得更多的进攻机会，在对付削球时，能使自己从被控制的局面中解脱出来。

动作要领

（1）加转是前提，转与不转间差异越大越有威力。
（2）搓加转时，手腕爆发式用力为主。
（3）搓不转时，要注意回球的弧线。

削球技术

削球是中国乒乓球传统手法之一，也是乒乓球防守技术之一。击球稳健，防守中突然进攻是削球的主要特点。削球站位较远，较多的时间是在下降期击球，因而有较充裕的准备时间。削球也可以在接发球或连续削的过程中突然进行反攻，破坏对方击球节奏，使对方措手不及而直接得分。

技术要求

（1）削球是防守技术中一项重要的基本技术，应具备扎实的基本功，要能削一般拉球，能削弧圈，也能削接突击球。

（2）削球在稳健的基础上要有变化的能力。主要是指增大削球旋转的变化和逼角、落点的变化。还要具备正反手抢攻、抢拉弧圈球的能力。

（3）反应判断能力要强，步法要灵活。削球一般站位在中远台，活动范围较大。当前在比赛中，对付削球选手的战术，大多采取拉、搓、吊结合运用。为此，削球选手在日常练习中，必须加强反应判断以及步法的训练。只有这样，才能有效地提高削球的稳健性。

正手削球

远台削球

主要是指用削球对付对方拉过来力量较轻、上旋较弱的球。球速较慢，回球弧线低而稳定。运动员常会以削轻拉球结合落点变化调动对方，夺取主动，并为反攻创造条件。

动作要领

右脚稍后，身体略向右侧，两膝微屈并收腹。拍形竖立，引拍至肩

韩国运动员的削球动作

高，重心放在右脚上。

在来球的下降前期，前臂在上臂的带动下，随身体重心的移动向下、向前挥动。拍形稍后仰，触球中下部，手腕控制好拍形并有摩擦球的动作。身体重心随手臂发力削球时转至左脚。

加转削球时，触球瞬间手腕爆发用力向前下方摩擦球。

削不转球时，手腕做一个向下摩擦球的假动作，触球瞬间给球向前推送的力量。

球离拍后，迅速放松，顺势挥拍至左膝前，用小跳步使重心还原。

近台削球

削球动作小，球速快，主要用于快速逼角。如运用得好，可直接得分。

动作要领

身体距球台端约 70 厘米左右，两脚开立略平行。两膝微屈并收腹，身体重心略上提，引拍动作较小。

击球时，重心移向右脚，在球的高点期或下降前期，拍面稍竖摩擦球的中部。前臂向左前下方快速发力，身体重心随手臂发力迅速下降。

球离拍后，迅速放松，右脚向左蹬地使重心还原。

反手削球

左脚稍后，身体略向左侧，拍形竖立。前臂在上臂的带动下，在下降前期击球中下部。腰腹随手臂的挥动协调发力。手腕控制好拍形。

削追身球

削追身球是用以对付对方追身攻击的一项重要技术。因受身体妨碍，削球比较困难，要削好追身球首先要迅速移步和让位，尽可能使击

球点离身体远一些。其次要注意控制回球的高度、落点，尽量少给对方
有连续进攻的机会。

动作要领

视来球情况迅速做出判断，是偏于身体的左边还是右边，然后决定
自己让位的方法。

来球中间偏右用正手削追身球时，右脚后退一步，迅速向右转体并
收腹。两脚提起，身体重心上提并落在右脚。同时，右前臂迅速上提置
球拍于右胸，上臂贴近身体右侧，球拍略竖。

当球反弹至最高点时，前臂迅即向左前下方挥拍，拍触球的瞬间，
前臂迅速向下用力，借以压低回球弧线的高度，球拍从球的中部向中下
部摩擦。

对方攻过来中间偏左用反手削追身球时，手臂要紧贴在身体右侧，
前臂提起使球拍高于胸部，同时腹部要尽量后收。拍面要竖直，以利于
迅速压球。

在击球时，前臂迅速用力向下切球，控制回球弧线的高度，球拍从
球的中下部向下部摩擦。

削突击球

削突击球是削球中的一项重要技术。对方突然加力或突然袭击过来
突击球，其速度快，突发性强，对削球者有较大的威胁性。

削突击球，回球的难度虽大，但回球的速度也快。如果控制好回球
的弧线，并配合变化落点调动对方，不仅能有效地压制对方的连续进
攻，而且还会迅速地变被动为主动。

动作要领

接突击球时，首先要迅速移步后退。在来球速度快和冲力大的情况
下，一般用单步或跳步进行移位。

若对方在搓中突击、发球抢攻或放短球后突然起板，一般站位在中
台，迅速用单步或跳步后退，并提拍上举，拍形竖直。前臂协同身体重
心从上向下用力压球。手腕控制好拍形，借来球反弹力回击。

若对方在连续突击或拉中突击时，一般站位离台较远。前臂向下用力小些，同时还要适当附加向前的推送力量。

削加转弧圈球

弧圈球技术目前运用比较广泛，对削球打法产生一定的威胁。削球打法要想占有一席之地，必须先过弧圈这一关。

加转弧圈球上旋强，速度较慢。触拍后向上反弹力大，处理不好容易出高球或出界。

动作要领

视来球远近，选合适的削球位置。削球前，持拍手向后上方引拍的幅度要大些，使球拍与击球点之间有足够的加速距离。

击球时，上臂带动前臂向下用力为主，附有向前推送的动作。手腕固定，拍形稍竖，触球中部偏下位置。

削前冲弧圈球

前冲弧圈速度快，旋转强，要求有快速的反应和判断。还要有灵活的步法和较好的控制球能力。动作与削突击球近似。

拍形垂直，向下切削球的中部。对于弧线较低的来球，削球时应稍向前送，以防下网。

练习方法

（1）徒手模仿削球动作，掌握正、反手削球技术动作要领。

（2）对墙正、反手削球练习。

（3）一人发平击球，另一人用正、反手削球，互换练习。

（4）一人发长线下旋球，另一人用正、反手削球，互换练习。

（5）一人正手攻球，另一人用正、反手削球，互换练习。

易犯错误

常见错误一

削球时，引拍位置不是向上，而是肘部向后拉，没有向下摩擦球的动作。易吃旋转和失误。

改正方法：先进行徒手挥拍练习，强调引拍位置向上提。

常见错误二

拍形控制不好，不是前倾就是过于后仰。前倾易出现削球不过网；过分后仰，削强烈上旋拉球或弧圈球时易出高球或出界。

改正方法：练习时要善于观察对方回球的旋转情况来调整拍形。多体会拍触球的手腕感觉。

常见错误三

削球时，光用手臂动作，不会运用身体重心的力量，控制能力低，削弧圈球差。

改正方法：观看优秀运动员削球动作。重点强调运用身体重心、各部位协调发力。多与弧圈球选手练习。

攻球技术

攻球是乒乓球技术中一个十分重要的组成部分。也是各种打法必须具备的得分手段。攻球具有力量大、速度快、攻击性强等特点，因此攻球技术掌握和运用情况如何，将直接影响到比赛的胜负。

技术要求

（1）坚持以快为主。站位尽量近台，以快为主，以进攻为主，同时要有连续进攻和中远台进攻的能力。

（2）随着乒乓球技术水平的不断提高，比赛双方均想打在对方前面。因此，提高主动抢在前面打的意识，还要提高适应攻击不同来球的能力。

（3）判断要快。对方的每一次来球均包含着不同落点、旋转、力量、高低和长短等，当对方挥拍击球时，要及时判断对方拍接触球瞬间的拍面角度、触球部位、用力方向和大小，以便做好对付的准备。

正手近台攻球

特点与运用

站位近台，击球时间早，球的速度快，动作幅度小，是近台快攻打法的主要技术之一。常用于还击正手位的发球，推挡球、一般的上旋球等，使对方措手不及，在对攻中以线路、落点变化相结合，调动对方，伺机扣杀。

动作要领

（1）充分利用全身协调用力（蹬地、转腰、移重心）。

（2）前臂发力为主，手腕辅助用力。

（3）击球点在身体右前侧（大约为前臂的长度）。

（4）触球瞬间向前打为主，略带向上摩擦。

正手中远台攻球

特点与运用

站位稍远，动作幅度大、力量重，进攻性强，但步法移动的范围较大。多用于对攻中，以力量配合落点变化直接得分或为扣杀创造条件，也用于侧身后扑正手打回头，防御时，在相持中寻找机会；削球选手的削中反攻。

动作要领

（1）加大向右手方引拍幅度，是为了增大击球的动作半径。

（2）上臂带动前臂发力。上臂向前，前臂和手腕向上发力为主。

（3）身体其他部位的协调用力不可缺少。

正手扣杀

特点与运用

动作幅度大、力量重、球速快、攻击性强，是得分的重要手段。常用来对付着台后弹起比网高的机会球或前冲力不大的半高球。

动作要领

（1）击球点离身体稍远；球拍应与球同高。

（2）在高点期击球，不宜打"落地开花球"。

（3）击球瞬间，整个手臂应发挥到最大力量，配合腰部转动及蹬地的力量。

（4）如来球带有下旋，球拍略低于来球，触球瞬间手腕向上抖动发力。

正手拉球

特点与运用

正手拉球站位近、速度快、动作小、线路活和稳健性好。正手拉球是回击发球、搓球、削球等下旋球的一种必备技术。常用于接发球抢位，对搓中抢位；对付削球时稳拉，以落点、弧线和旋转程度的变化，伺机进行突击。

动作要领

（1）身体重心略下降，右肩稍下沉。

（2）在球的下降前期击球，不可过于低于台面。

（3）触球时应尽量增大摩擦球体的面积和时间。

正手台内突击

特点与运用

正手台内突击站位近、动作小、速度快、突击性强，是处理近网短球的一项重要技术，是我国快攻打法运动员掌握的特有的进攻技术。常用于还击弹跳不出台的下旋球，或在对搓中突击起板，或在对付

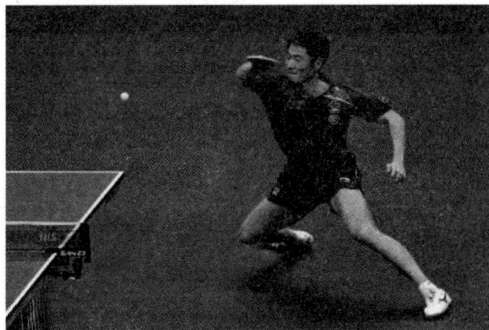

著名运动员王励勤的正手扣杀

削球时，利用这一技术直接得分及为扣杀创造机会。

动作要领

（1）击球前持拍手臂不宜伸得太直。

（2）用中等力量击球较为合适。

（3）应根据来球 的旋转性质与强度，调节好拍面角度、击球的部位和发力的方向。

正手杀高球

特点与运用

正手杀高球动作幅度大、击球点高、力量重，配合落点的运用，能给对方致命的打击，多用于对付弹起较高的来球。

动作要领

（1）要集中全身的力量于触球的一瞬间。

（2）击球点适当离身体稍远一点（增大挥拍动作的半径）。

（3）近网高球只需向下用力，但杀落点远、落点后有一定前冲力的高球，应保持足够的向前力量。

反手近台攻球

特点与运用

反手近台攻球站位近、动作小、速度快、突击性强。一般用来回击落在左半台的来球，与反手推挡、正手攻球结合，能加强攻势，取得更多的主动权，但反手攻球因受身体妨碍，攻球力量不如正手大。

动作要领

（1）击球过程中要注意收腹，转髋转腰。

（2）以肘关节为轴心，前臂发力为主，手腕有一向前上方磨擦球的动作。

（3）保持适宜的击球点尤为重要，离身体太远或太近难于发力。

反手快拨

特点与运用

反手快拨是横拍进攻型运动员常用的一项相持性技术。具有站位近、动作小、落点变化多的特点。它主要用来对付弧圈球、直拍推挡或反手攻球，虽有一定的速度，但力量较差，应与侧身攻或反手突击技术等结合运用。

动作要领

（1）上臂贴近身体，前臂迅速前伸迎球。

（2）手腕控制拍面前倾，借来球反弹力将球拨回。

（3）掌握好击球时间。

（4）注意线路落点变化并与突击结合运用，为进攻创造条件。

反手快点

特点与运用

反手快点速度快、线路活、具有突然性，是直、横拍两面攻打法的一项重要技术，多用于前三板。如发短球后和接近网短球以及相互摆短时，常用它来抢先上手，以争取下一板的进攻机会，以左推右攻为主的运动员，如能熟练运用反手快点技术，可在前三板中获得更多的主动权。

动作要领

（1）左方近网来球，以左脚向左前方上步；中间偏左来球，则以右脚向前上步。快点斜线时，球拍触球中部偏左，由后向前、向右挥动；快点直线时，球拍触球中部，由后向前、向左挥动。

（2）重心及时前移，上体贴近球台，以利于在高点期击球。

反手快拉

特点与运用

反手快拉的特点是站位近、动作小、速度较快、落点变化多，是对付下旋来球的一项重要技术。用它找机会突击，既可加强攻势，又可避免正手空位过大。横拍和直拍的反面快拉丰富了反手位的节奏，对搓中或对付削球时运用它能争取主动或直接得分。

动作要领

（1）根据来球落点、长短，迅速移位。一般多以单步或跨步向左方、左前方或左后方移动，正对来球。

（2）击球过程中，注意收腹，以增大击球空间。

（3）须根据来球的下旋强度，调节磨擦球时用力的大小和弧线的高低。

反手扣杀

特点与运用

反手扣杀的特点是动作大、力量重、球速快、攻击性强，是还击机会球的一种方法，是得分的有效手段。它一般在发球、相持中取得机会后运用。

动作要领

（1）击球点不宜离身体太近。

（2）要以整个手臂和腰的协调配合来增加击球的力量。

（3）球拍触球瞬间用力要集中，避免仅用手腕弹击球。

侧身攻球

特点与运用

侧身攻的特点是速度快、力量重、攻势强，它是各种不同类型打法都必须掌握的一项重要技术。侧身攻运用多少在很大程度上标志着进攻能力的强弱。

动作要领

（1）侧身后，要保持上体与球台的合适角度，既能攻斜线，也能打直线，同时不妨碍下一次击球。

（2）要有足够的击球空间。

（3）应尽量避免在移动过程中击球。

（4）攻球时要利用右脚蹬地的力量，重心适当前移，前臂稍向前发力。

弧圈球技术

弧圈球是一种以旋转为主的进攻技术。它的特点是旋转强，速度快而又富于变化。可用来抑制快攻打法的速度发挥，也可先发制人赢得主动。

弧圈球发力有五个重要环节，或者说发力技巧。

蹬地：有些爱好者在用乒乓球底板拉球过程中蹬地动作很别扭，有些蹬地时右脚脚跟都不抬起来，一味的想着右脚蹬地就可以了，但是他们忽略一个非常重要的地方，那就是蹬地的目的。蹬地的目的主要是将重心进行移动，一般而言右脚蹬地后重心会转移到支撑脚左脚上，重心也会随之往前方和左侧移动。

扭腰：大概是现在生活都富裕了，业余选手中很多都肚大腰圆，都看不到腰了，但如果想拉出质量高的弧圈球必须借用腰的力量，或许练乒乓球真有瘦身瘦腰的效果呢。在扭腰这一环节中一定不要单纯的去扭腰，万一动作大了闪到腰就不好办了，此时必须借用蹬地力量顺势去扭动腰部。

摆臂：这里指的是大臂，摆臂的幅度根据引拍位置而不同，对于引拍比较靠后的乒乓球爱好者来说，挥大臂的幅度要比引拍靠前的大一些。无论是摆动幅度多大，大臂挥动的方向一般是朝前上方的固定角度挥动，一般挥至平行于身体外侧即可，在挥动的时候一定不要抬胳膊肘，否则会使动作变形造成拉球下网的结果。

收小臂：当大臂挥至平行于身体外侧时，小臂迅速往前方收紧，但收小臂的时候不能太紧，应该是顺着蹬地扭腰摆大臂的惯性去收小臂。收小臂的停止位置大概位于身体正前方，高度一般与眼睛齐平，切忌不要挥过头，因为拉完一板弧圈球后应该迅速恢复动作，继续下一板弧圈球的动作。

手腕内收：这项技术对于选手的要求是非常高的，一般业余选手通过上面的四个步骤就可以拉出较高的弧圈球了，但一般拉出来的球弧线都比较长，如果想让拉出来的弧圈球较短就必须加上手腕的力量，大家可以参考德国选手波尔的正手弧圈球动作。

正手前冲弧圈球

特点与运用

正手前冲弧圈球飞行弧线低、速度快、前冲力强，落点后弹起不高，但急向前冲并向下滑落，能起到与扣杀同样的作用。常用于对付发球、推挡球、搓球以及中等力量的攻球，离台相持时，也可以利用它进行反攻。在实际运用中，步法移动的速度快、范围广。

动作要领

（1）引拍的幅度大，尽可能增大挥拍的动作，半径。

（2）加快挥拍速度，在球拍达到最大速度时触球。

（3）单纯用上肢发力，前冲力不强，因此腿、髋、腰的配合不可缺少。

（4）磨擦力大于撞击力，球拍与球的吻合面要合适，防止打滑。

正手加转弧圈球

特点与运用

正手加转弧圈球飞行弧线高、上旋很强、速度较慢，但着台后向下滑落较快，对方回击容易出高球，甚至出界，可以直接得分或为扣杀争取机会。它是对付削球、搓球和接出台发球的重要技术。

另外，由于球出手弧线的弯曲度较大，落到对方台面后迅速下滑，还可起到变化击球节奏的作用。

动作要领

（1）引拍时，球拍必须低于来球，但不要下沉太多。

（2）拉球时，持拍手臂由下向上发力，前臂快速收缩，触球瞬间，尽量加长磨擦球体的时间。

（3）身体重心随右脚蹬地，转腰，挥臂提高。

反手拉弧圈球

特点与运用

反手拉弧圈球，是横拍握法的优势之一。拉球的速度比正手稍快，但力量和旋转略逊于正手。它可用于发球抢冲，接发球，搓中转拉以及一般的对攻和中台对拉，运用得当，可以直接得分，而且能为正手的冲杀创造机会。

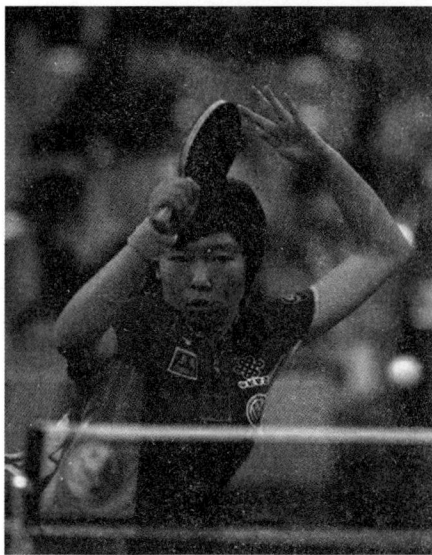

正手加转弧圈球

技术要领

（1）击球点不宜离身体太近。

（2）充分利用肘关节的杠杆作用，先支肘，再收肘，借以增加前臂的挥摆幅度和力量。

（3）近台快拉的击球时间为上升后期或高点期，中远台发力拉的击球时间为下降期，但不可过分低于台面。

其他弧圈球技巧

横板正（反）手快带弧圈球

横板正手快带弧圈球斜线的要领是：左脚稍前，离台约 40 厘米，手臂弯曲内旋，拍面前倾，引拍至身体右侧，手臂手腕向左前迎球，腰髋向左转动，球拍高于来球，在来球的上升期，击球中上部，同时借助腰髋的转动，手臂球拍迎球带击。手腕相对稳定，不宜转动，身体重心由右脚移至左脚。

横板反手快带弧圈球

横板反手快带弧圈球斜线的动作要领与直板相似，站位近台，引拍至左腹前，手腕微曲，拍面前倾，在来球的上升期，向右前方带击球体的中上部。

横板正手位正手拉前冲弧圈球

横板正手位拉斜线前冲弧圈球的方法是：左脚稍前，身体向右稍偏斜，引拍至身体右后方，来球至高点期时，拍面前倾，击球中上部，球拍面对斜前方，在上臂带动下，前臂加速向前并略带向上发力。

拉直线时的要领与斜线基本相同，左脚稍前，站位在中台前后，身体向右稍偏斜，拍面前倾稍大，引拍至身体右后方稍下，来球至高点期时，拍面前倾，击球中上部，球拍面向正前方，前臂加速向前并略带向上发力。

横板侧身位正手拉前冲弧圈球

拉斜线的动作要领是：左脚稍前，右脚稍后，身体向右偏斜较大，向右后侧方引拍，拍面接近垂直，在来球的高点期，球拍外展，击球中上部，身体重心由右脚移至左脚，要充分体现出向前发力的特点。

拉直线的动作要领同样是：左脚稍前，身体向右偏斜，向右后侧方引拍，在来球的高点期，球拍面对正前方，击球中上部，要充分体现出向前发力的特点。

横板反手拉前冲弧圈球

拉斜线的动作要领是：站位时右脚稍前，上体稍前倾，向腹部的左下侧引拍，上臂肘部靠近身体，拍面前倾稍大，前臂向右前上方加速挥动，手腕外展。

横板正手位正手拉加转弧圈球

正手位拉斜线加转弧圈球的动作要领是：左脚在前，身体向右偏斜，手臂自然下垂，球拍后引的幅度较小，拍面稍前倾，在下降期击球，摩擦球体的中部或者中部偏上的位置，发力方向以向上为主，略带向前。

正手位拉直线加转弧圈球的动作要领与拉斜线基本相似，所不同的是身体向右偏斜相对较小，球拍面对正前方，同样是在下降期击球，摩擦球体的中部或者中部偏上的位置，发力方向以向上为主，略带向前。以转腰带动肩、上臂、前臂和手腕发力。

横板侧身位正手位加转弧圈球

横板侧身位拉斜线加转弧圈球的动作要领与直板基本相似，身体的侧向角度较大，球拍外展，步伐要及时到位，要大胆侧身，移动位置，不要顾虑右方的空档，否则会影响发力和准确。拍面稍前倾，在下降期击球，摩擦球体的中部或者中部偏上的位置，发力方向以向上为主，略带向前。

横板侧身位拉直线加转弧圈球的动作要领与拉斜线相似，身体的侧向角度相对要小，步伐要及时到位，拍面接近垂直或稍前倾，在下降期击球，球拍面对正前方，摩擦球体的中部或者中部偏上的位置，发力方向以向上为主，略带向前。

横板反手拉加转弧圈球

横板反手拉斜线加转弧圈球的动作要领是球拍引至腹部下方，腹内收，肘关节略向前，曲腕拍下垂，拍面前倾，球拍面对斜前方，在高点期或下降前期击球，以肘关节为轴，前臂迅速向上挥动，接触球的中上部，发力的刹那，手腕迅速向前向上转动，两腿向上蹬伸以辅助发力。

横板反手拉直线加转弧圈球的动作要领是球拍引至腹部下方，拍面前倾，在高点期或下降前期击球，球拍面对正前方，前臂迅速向上挥动，接触球的中上部，以向上摩擦为主，略带向前发力。

爆冲弧圈球

弧圈球在日本问世以后，特别是在第二十八届世乒赛显示了它的魅力！又经过了各国教练和运动员几十年的实践、研究、提高和完善，到目前已发展到加转、前冲、侧拐三种弧圈球。同时，为了进一步提高弧圈球的更大威力，把旋转和力量科学的、有效的结合，又把前冲弧圈球提高到"爆冲弧圈球"。这是在竞技比赛中最重要的得分手段。

横板反手拉加转弧圈球

所谓爆冲弧圈球，就体现在一个"爆"字上，也就是说：拉出的球要比一般弧圈球又冲又转。我们经常能看到专业运动员的乒乓球比赛，他（她）们的那一板"爆冲"，别说是业余选手无法应付，就是专业选手也是最怕的！所以说"爆冲"绝对是乒乓球运动员最理想、最有效的技术之一。

握拍方式

直握拍不能吊腕，横握拍不能把拍头掘起。直握拍拉球时大拇指压拍，食指稍微放松以便击球时根据球的旋转调整拍形，中指一定要顶拍再加上无名指辅助用力。横握拍拉球在放松到击球时手要紧握一下拍把，食指在拍后顶住拍子，并要向前压，母指从前向后抠压，这样才能用上手指的力量。

寻找球感

能够自然放松。打球时身体不能僵硬，要放松柔软，这是击球命中率的重要一环。特别是击球前，肩要半放松，便于起动，大臂、小臂、手腕、手指要全放松，这是"爆冲"的关键。

动作协调

击球不能抬肘。肘要沉下来，在击球时肘一定要低于小臂和手腕，运行中肘部是从右侧下向左前上，划一个小外圆弧，这样做中心稳定，能顺畅发力！要多看优秀选手的动作，细细体会。练习中腋下夹一个直径八厘米左右的皮球，击球运行时以球不掉为原则，这是克服此毛病的最好办法。击球时也不能拉肘。要做到不抬肘，基本上也就做到不拉肘了。其实拉球时，肘部的运动是靠转腰来完成的，先是以腰带动大臂，把臂甩起来，然后是大臂带动小臂。

摆速合适

提高击球摆速。所谓摆速是指球拍前摆的速度，摆速越高球速越快，否则反之。要提高摆速，相关的因素很多，除了此篇讲到的以外，还有一些要注意的问题！这里最为关键的是屈收小臂。也就是说：在做到以腰带动大臂，把臂甩起来，然后是大臂带动小臂之后，小臂在撞击球前一定要猛收，有多大力就用多大力，再加上带腕子，就能感到有鞭打的效果。

转换重心

重心及时转换。其实能很好的转腰，那么重心也就会从右脚转到左脚了。用腰发力，拉球的力量自然会很大，会很爆了。转腰与转屁股是有区别的，这一点请大家体会，纠正方法是身体紧靠墙壁，屁股贴着墙，然后转腰，你就会发现转腰与转屁股其实是不同的。另外，拉球前身体要前倾，重心放在脚尖。

打磨结合

击球前球拍基本与地面垂直，击球前期是以击打为主，击球后期拍稍微前倾，利用手腕磨擦一下球，球拍顺势挥至头部左前位置，就是左眼前30—40厘米。专业运动员拉球非常讲究，真正做到了"打磨结合，又打又磨"。其掌握的各占比例，就以拉不转球为例，当球落在本台跳起的高度与网高差不多时，打磨比例各占一半；当球高于球网时，击打要大于磨擦；当球低于网高时，磨擦要大于击打。

找准击球点

要找准击球点。拉球时尽量迎前，这样才会借上力，打出去的球才会爆，专业球员拉球速度很快、力量又大，其实并非他有举重运动员的力量，只是能借上对方的力。做到这一点，拉球时就知道什么叫拉球"轻松"了，而不是用蛮力。

找准时机

引拍找准时机。要用腰引拍，体会到一种反作用力。引拍不要过早，过早了是等球，挥拍速度就不快了。引拍过晚会被来球顶住，而有发不出力的感觉。引拍要不早不晚，一气呵成，动作连贯，当球拍挥动的速度最快时击球，击球力量就会很大。

战术大类

尽管世界乒坛打法类型缤纷繁多，就战术而言，归纳起来有以下几个大类：

推攻战术

推攻战术主要运用正手攻球和反手推挡的速度和力量，并结合落点变化和节奏变化来压制和调动对方，以争取主动或得分。推攻战术是左推右攻打法对付攻击型打法的主要战术，有反手推挡能力的两面攻运动员、攻削结合运动员等也常使用它。

方法

（1）左推右攻；

（2）推挡侧身攻；

（3）推挡、侧身攻后扑正手；

（4）左推结合反手攻；

（5）左推、反手攻、侧身攻后扑正手。

注意事项

（1）推、攻都要有线路变化、落点变化和节奏变化，这是推攻战术争取主动和创造扣杀机会的主要方法。

（2）推挡一般以压对方反手为主，然后突然变正手，以创造进攻机会。如果对方正手较差，才可以推对方正手为主。

（3）在推挡中突然加力推对方中路，使对方难于用力回击，然后用正手或侧身扣杀。

（4）遇到机会球时要果断扣杀，这是推攻战术得分的主要手段。

（5）推攻战术要坚持近台，又不能死守近台，要学会近台和中台的位置转换，掌握对手节奏。

（6）推攻战术对付弧圈类打法应坚持近台为主，用快推和加、减力推挡控制落点，伺机采用近台反拉或中等力量扣杀弧圈球，然后进入正手连续进攻。

两面攻战术

两面攻战术主要利用正、反手攻球技术的速度和力量压制对方，争取主动和创造扣杀机会。两面攻技术是两面攻打法对付攻击型打法的主要战术。

方法

（1）攻左扣右；

（2）攻打两角，猛扣中路。

注意事项

（1）正、反手攻球都要有线路变化和落点变化，以便创造扣杀机会。

（2）要以压对方反手为主，然后攻击对方正手或中路，以创造扣杀机会。

（3）遇到机会球时要大胆扣杀。

（4）两面攻战术在主动进攻情况下要坚持近台，被动情况下可适当后退，在中近台或中台进行反攻。

（5）两面攻战术对付弧圈球打法应坚持近台，用快带顶住对方的弧圈球，伺机采用近台反拉或中等力量扣杀弧圈球，然后转入连续进攻．

拉攻战术

拉攻战术连续运用正手快拉创造进攻机会，然后采用突击和扣杀来作为得分手段。拉攻战术是快攻打法对付削球类打法的主要战术。

方法

（1）正手拉后扣杀；

（2）反手拉后扣杀。

注意事项

（1）拉、扣的力量要有较大的悬殊，以使对方措手不及。

（2）拉球要有线路和落点变化以调动对方，争取主动和创造进攻机会。

（3）遇到机会球时要大胆扣杀或突击。

（4）采用拉攻战术要有耐心，不要急于求成，对没有把握的机会球不要过凶。

拉、扣、吊结合战术

拉、扣、吊结合战术由拉攻与放短球相结合而成，是快攻型打法对付削球打法的常用战术。

方法

（1）在拉攻战术的扣杀或突击后放短球；

（2）在拉攻战术中放短球后，结合扣杀或突击。

注意事项

（1）拉攻中放短球，要在对方站位较远并且来球比较近网时进行，这样，放短球的落点容易靠近球网，可增加对方向前移动的距离和难度。

（2）放短球后扣杀时，如果对方靠台极近，可对准对方身体方向扣杀，这样，往往能使对方难于让位还击。

搓攻战术

搓攻战术主要运用"转、低、快、变"的搓球控制对方，以寻找战机，然后采用低突、快点或拉攻等技术展开攻势并进入连续进攻；在搓球中遇到机会球时进行扣杀，常常带有突然性，往往可以直接得分。搓攻战术是乒乓球各种打法都不可缺少的辅助战术。

方法

（1）正、反手搓球结合正手快拉、快点、突击或扣杀；

（2）正、反手搓球结合反手快拉、快点、突击或扣杀。

注意事项

（1）搓攻战术既要尽可能早起板，以争取主动，但又不能有急躁情绪，否则，起板容易失误。

（2）在搓球中遇到机会球时要大胆扣杀，这是搓攻战术的主要得分手段。

（3）在搓短中摆短，可使对方不易抢先进攻，故有利于创造进攻机会，以便伺机用正、反手或侧身进攻。

削中反攻战术

削中反攻战术由削球和攻球结合而成，常以逼角加转削球为主，伺机反攻；或以转、低、稳、变的削球，迫使对手在走动中拉攻，以从中寻找机会，予以反攻。这种战术有"逼、变、凶、攻"的特点，是攻、削结合打法的主要技术。

方法

（1）正、反手削球逼角，结合正手攻或侧身攻对方右侧空当；

（2）正、反手削两大角长球，结合正、反手反攻。

注意事项

（1）正、反手削球都要注意旋转强度的变化。在削加转后用 削加转球相似的手法削不转球，是使对方拉出高球，以进行反攻的有效方法。

（2）削球时要尽可能压低弧线，以避免对方扣杀或突击。

（3）削球逼角时要适当配合削另一角，以使对方在走动中击球。

发球抢攻战术

发球抢攻战术是以旋转、线路、落点以及速度不同的发球来增加对方回击的难度，使其出现机会球，或降低回球质量，然后抢先进攻，以争取主动或直接得分，这是乒乓球所有打法特别是进攻型打法的主要战术和得分手段。

方法

（1）发下旋转与"不转"抢攻；

（2）发正、反手奔球抢攻；

（3）发正、反手侧上、下旋球抢攻。

注意事项

（1）发球要有线路和落点变化，以使对方前、后、左、右走动中接发球。

（2）发球后要有抢攻准备，以不失抢攻的机会。

（3）自己发什么球，对方可能以什么技术回击，要做到发球前心中有数。这样，才能较好地做好抢攻的准备。

（4）抢攻要尽可能凶，又不能过凶，否则，会影响命中率。

接发球抢攻战术

接发球抢攻战术由某一单项攻球技术所形成，进攻性强，可变接发球的不利地位位为主动地位，也可直接得分，是乒乓球运动各种打法特别是进攻型打法的主要战术。

方法

用快点、快攻或中等力量突击进行接发球抢攻。

注意事项

（1）由于接发球抢攻是在对方主动发球，自己处于被动的接发球地位时所采取的进攻性打法，所以难度较大。接发球抢攻一般不可过凶，要看准来球的旋转方向、旋转强度和高度，采用适当的方法进攻。例如对方发加转下旋球，接发球抢攻时要采用提拉手法，以免下网。同时，攻球的力量不可过大。

（2）接发球抢攻动作结束后，要立即作好对攻或连续攻的准备，以便继续处于主动地位。

（3）接发球抢攻、抢冲的力量越小，应越注意球的路线或落点，一般应多打在对方反手；若对方反手强而正手弱，则可多打在对方正手。

判断来球

判断来球是打乒乓球首要的一个环节，它是确定移动步法和击球技术的根据。

判断来球的路线

从对方击球时拍面的方向判断

一般说来，对方球拍触球时，拍面所朝的方向，即为对方的触球路线。例如，对方在正手一侧击球，球拍触球时，拍面正对自己的右角，为斜线球；拍面正对自己的左角，为直线球。

从来球通过网顶的位置来判断

例如，对方在正手一侧击球，球从网的中部或中部偏右的位置越过，球将飞向自己台面的右方；来球从网的左边越过，球将飞向左角。

根据落点预先判断

反手重压对方反手斜线大角度球，对方很难回击直线球，一般回球路线多在自己左半台或靠中间的位置。

判断来球的旋转性质

根据发力和摩球部位判断

根据对方击球时实际的挥拍发力方向和摩球的部位来判断球的旋转性质。如对方由上向下发力挥拍击球，多为下旋球；由左上向右下发力挥拍击球，多为下旋球。

根据发力大小和摩擦厚薄判断

根据对方击球时发力的大小以及摩擦的厚薄来判断来球旋转的强弱。对方挥拍擦击球的动作幅度大，挥拍速度快，摩擦"薄"，则来球旋转强，反之则弱。

判断来球的落点

来球落点可从对方击球时的力量轻重来判断。

击球位置和击球时间

击球位置的控制

合理的击球位置，对提高击球的准确性和动作的协调性很有帮助。击球位置不对，不但会使动作变形，而且也容易击球失误。

合理的击球位置，一般指"身前击球"。尤其是攻击型选手，身前击球显得特别重要。身前击球具体一点说，就是把击球点选在身前，并在身前找好球与拍的距离（击球距离）。

不同的风格和类型打法，击球距离是不同的。如以快速变化打法为主的人，回击一般来球，球与拍的距离较短。由于球与拍距离近，不仅有利于加快击球时间，而且动作也较容易固定。以力量为主的人，球与拍的距离较长，有利于增大击球力量。因此，各种类型打法的人，总是千方百计地找好击球距离，特别是强调在身前找好击球距离，这点是十分重要的。

要取合理的击球位置，必须对不同路线和落点的来球作出正确的判断，选择好击球点，迅速移动脚步。例如，当站位离台较近而对方的来球又急又长时，要及时移步后退，才易找到好的击球位置；当站位离台较远时，对方发个短球，应及时向前上步，否则就会因身体距离击球点太远而失误；回击追身球来不及移动脚步时，则需借助收腹转体，让出一点距离。

击球时间的控制

来球在本方台面弹起后，球从着台点上升到回落的过程，可分为上升初期、上升期、高点期、下降初期，以及下降期 5 个时期。

击球时间要依各种类型打法、体型高矮，来球性能有所不同。根据自己的特点，找好和固定球时间，有助于提高球的命中率。

快攻型打法

它以快为主，突出速度，多数情况下击球上升期，如近台攻球、推挡就是击球的上升期。推挡也有推高点期的，主要在以力量为主时，靠本身发力推压。

弧圈球打法

它以旋转为主，故要充分发挥拍击球时的摩擦力量，击球时间稍迟些。如前冲弧圈球一般是击球的最高点；加转弧圈球一般是击球的下降初期。

削球型打法

它主要是后发制人，削球时间大都在下降期。如以近削为主的，一般是削球的下降初期，中、远台削球以搞转及不转为主的，一般是削球的下降期。

以上叙述的击球时间只是一般规律，随着乒乓球技术的发展，速度与旋转的结合运用，在击球时间上都力争加快。但是，快与慢是相比较而存在的；快是为了削慢，快慢结合又能破坏对方的击球节奏。所以在练习中掌握击球时间要以快为主，能快能慢，快慢结合，运用自如。

双打训练方法

双打的特点

双打地位重要

目前乒乓球锦标赛有 7 个比赛项目：男子团体、女子团体、男子单打、女子单打、男子双打、女子双打、混合双打，其中三项是双打；世界职业巡回赛由四个比赛项目：男子单打、女子单打、男子双打、女子双打，双打占两项；奥运会有四个比赛项目：男子团体、女子团体、男子单打、女子单打，而奥运会团体比赛方法的变革，使双打比赛在整个团体比赛中至关重要，如果两个队的实力势均力敌，双打的胜利就是该团体比赛胜利的保证。

因此一个国家双打水平的高低直接影响着其在世界乒坛的地位，换言之，目前我国要想继续保持在世界乒坛霸主的地位，就必须重视运动员之间双打的配合和训练。

双打突出配合

双打技术是建立在单打技术基础之上的，但两名优秀的单打运动员配对不一定能取得突出的双打成绩，这是由于双打突出的是配合。

首先，两名运动员在场下必须有很好的了解和交流，在技战术上知己知彼，通过平时的训练能够在教练员的指导下和科研人员的配合下，共同协商，反复研究、摸索、探讨，力争将双方的技术融为一体，并创造出符合两名运动员技术风格的、能够扬长避短的、行之有效的战术。

其次，两名运动员在场上必须互相信任、真诚合作，同心协力完成比赛，按照赛前布置的战术，默契配合力争打好每一板球；在场上情况发生变化时，每位运动员都应冷静处理，以场上核心队员为中心尽量发挥其技术特点和长处，攻击对手的弱点；即使真的在比赛中由于一名运动员的心理问题或技战术出现明显的失误，也不应该相互抱怨，应本着严于律己、宽以待人的原则，互相鼓励，共度难关，力争取得比赛的胜利。

双打规则较复杂

由于双打比赛规则要求运动员必须按照发球、接发球队员确定的次序轮流击球，因此双打比赛时运动员必须根据对方运动员的回球情况，既要在自己击球后迅速给同伴让位，还要保证下一板球自己跑动到位，所以运动员跑动范围大，多在快速移动中（包括：前后移动和左右跑动）击球。

然而击球的位置不固定，不仅影响回球的质量，还易造成回球失误，这就要求运动员必须具备快速移动的能力、在移动中回击各种不同旋转、不同落点来球的能力、移动中变被动为主动的能力以及把握机会球的能力。

此外，双打比赛规则限制了发球的区域（发球员必须从本台的右半区发至对方的右半区），因此，在一定程度上降低了接发球的难度，这一方面要求运动员必须提高发球的质量，以占据主动，同时也要求运动员必须做到快速移动，两位一体，以保证发抢战术和相持战术的有效实施。

双打的配对

双打时两名运动员的配合是否默契，是否能够取长补短，合二为一，充分发挥两人的竞技实力，是双打比赛能否获胜的基础。一般来讲双打配对应该相对固定，并在平时通过训练加强两人间相互了解和配合，使之尽善尽美。

但目前奥运会团体比赛规则规定：每支参加团体比赛的队只能报3名队员参赛，而每场团体比赛3名运动员必须上场比赛，一名队员进行两场单打比赛，其他两名队员必须参加一场单打比赛和一场双打比赛，双打比赛的队员名单要到前两场单打比赛结束时再提交，因此3名运动员之间双打配对变化的多少、水平的高低，在很大程度上影响着团体阵容的变化和比赛成绩。

如果3名运动员中只有两名运动员能够配合双打，那比赛前对方就对我方的排阵了如指掌，因为不可能有变化，但如果3名运动员之间都可以进行双打配合，阵容的变化为 $1 \times 2 \times 3 = 6$，就会对对方的心理造成较大的压力。

在进行双打配合时应考虑的问题有：两名运动员的握拍手，最好为一名运动员左手握拍，一名运动员右手握拍；两名运动员的站位最好能够一前一后；两名运动员的技术和战术各有特点，并能取长补短，融为一体；两名运动员的步法均较灵活，可以在频繁的跑动中打出高质量的回球；两名运动员的神经类型能够互相弥补，感情融洽，以便在比赛中更好地发挥水平。

最常见的双打配对有：

（1）左、右手执拍的运动员配对。

左右手执拍的运动员配对是最常见的双打配对，这种配对既可以充分发挥两名运动员正手的威力，又有效地缩短了运动员每次移动的跑动距离，便于运动员之间的相互让位和移动，从而更好地发挥运动员的技术水平。

（2）两名进攻型打法运动员的配对。

两名进攻型打法的运动员配对最好能够做到特长互补，即速度与旋转巧妙的结合，这样以速度为主的运动员一般站位比较靠前，而以旋转为主的运动员站位比较靠后，一前一后的站位，既可方便运动员让位和移动，缩小跑动距离，又可以有效地扩大打击范围，形成立体的攻防体系，同样这种配合可以改变回球的旋转、节奏等要素，从而增加对方运动员回球的难度。

（3）两名防守型运动员的配对。

两名防守型运动员的配对更需要运动员之间默契配合，在大范围的跑动中依据每位运动员的打法特点（逼角战术、转与不转战术）形成近台、中台、远台相结合的攻防转换网，并依据比赛的情况将旋转、落点、节奏的变化融为一体，有效地实施防守和进攻，以便在比赛中占据主动。

（4）不同球拍性能运动员的配对。

一名使用颗粒胶的运动员（可以是两面不同性能球拍，快攻型、快弧型、削攻结合型均可）与一名反胶运动员进行双打配合，这种配对运动员可以利用球拍击球的不同性能，使回球在旋转、节奏、力量、速度上发生变化，增加对方运动员的适应难度，迫使对方失误或回出机会球，但必须注意的是由于两名运动员的打法特点各异，因此对方运动员回球的旋转与单打时明显不同，应在平时的训练中通过不断的磨合融为一体。

双打的战术

单打的技战术是双打的基础，但双打更突出配合，它需要配对的两名运动员通过合作的方式，互相取长补短，通过相互配合达到最佳战术组合，从而充分发挥两名运动员的竞技能力，取得比赛的胜利。

PART 8 项目术语

球台术语

端线

球台两端与球网平行的白线称端线，宽 2 厘米。

边线

球台两侧与球网垂直的白线称边线，宽 2 厘米。

中线

球台中央与边线平行的白线称中线，宽 3 毫米。

左半台和右半台

半台又称二分之一台，通常是指击球范围。其左右方向是对击球者本身来说的。

三分之二台

三分之二台是指击球范围占球台的三分之二。左侧为左三分之二台，右侧为右三分之二台。

全台

击球时不限落点，击球范围占整个球台。

近网区

近网区指距球网 40 厘米以内的区域。

底线区

底线区指距端线 30 厘米以内的区域。

中区

中区指介于近网区和底线区之间的区域。

站位术语

站位

站位是指运动员击球时，其身体与球台端线之间的距离。可将站位划分为近台、中台、远台、中近台和中远台。

近台

近台指站位在离球台端线 50 厘米范围以内。

中台

中台指站位在离球台端线 70 厘米范围左右。

远台

远台指站位在离球台端线 100 厘米范围以外。

中近台

中近台是指介于近台与中台之间的站位。

中远台

中远台是指介于中台与远台之间的站位。

击球路线术语

击球路线

击球路线是指球运行的水平方向，与边线平行的是直线，对角线是斜线。

基本路线

在训练中，基本的击球路线是右方斜线、右方直线、左方斜线、左方直线和中路直线，共三条直线两条斜线。

正手和反手路线

有时根据运动员的执拍手命名。如右手执拍者，可以把右方斜线称为正手斜线，左方直线称为反手直线。当右手执拍者在左方侧身用右手击球时，也可将左方斜（直）线称为侧身斜（直）线。中路直线往往以击向对方身体的方向为多，一般称为追身球。

击球时间术语

击球时间

击球时间是指来球落本方台面弹起至回落触及其它物品之前的这段

时间称为击球时间。

上升期

上升期是指来球从台面弹起至接近最高点的这段时间，还可细分为上升前期与上升后期。

高点期

高点期是指来球从台面弹起在最高点附近的这段时间。

下降期

下降期是指来球从最高点开始下降以后的这段时间。可细分为下降前期和下降后期。

击球部位术语

击球部位

击球时，球拍接触球上的位置叫击球部位。击球部位基本上与拍形角度相吻合。可分为上部、上中部、中上部、中部、中下部、下中部、下部。

拍形术语

拍形包括拍面角度和拍面方向两个方面。

拍面角度

击球时，拍面与地面（水平面）形成的角度叫拍面角度。拍面角度小于 90 度时，称为"前倾"；拍面角度大于 90 度时，称为"后仰"。

拍面方向

拍面方向是指球拍左右偏转时，与球台端线所形成的角度。

击球时的拍面角度，按其击球部位的不同，可以分为：

拍面向下——击球的上部；

拍面前倾——击球的上中部；

拍面稍前倾——击球的中上部；

拍面垂直——击球的中部；

拍面稍后仰——击球的中下部；

拍面后仰——击球的下中部；

拍面向上——击球的下部。

PART 9 裁判标准

发球限制

　　早期的乒乓球比赛规则，对发球没有严格的限制。美国运动员发明了一种用手指使球旋转的那卡尔式发球，每发 5 个球能得 3—4 分，在第十一届世界乒乓球锦标赛中，美国队获男、女团体冠军。

　　1937 年，国际乒乓球联合会对比赛规则进行修改，规定禁止使用手指旋转的那卡尔式发球，规则第一次对发球进行了限制。自 1967 年 7 月 1 日起，规则新规定：开始发球时，发球员只能用手将球向上抛起，不得超过垂直线 45 度角，不得使球旋转，使裁判员在每个时间内能看得见球，并清楚地看见球离开手掌。

　　当球从抛起的最高点降落时，方可击球，使球应先落在发球员的台面上，然后直接越过或绕过球网，落在接球员的台面上。

　　1983 年，在第三十七届国际乒乓球联合会代表大会上，对发球的规则作如下补充：发球时，球拍触球的瞬间，球的整体位置不仅不能在球台端线及其假想延长线之前，而且不能在发球运动员上身驱干（不包括头部、四肢和下身）离球台端线远侧点与端线平行的假想延长线之后，否则，将判失一分。

　　如果运动员发球时跺脚，裁判员应给予警告，之后，运动员发球再次跺脚，即判失 1 分。

　　1987 年 2 月，在印度新德里召开的国际乒乓球联合会第三十九届代表大会上，对发球又作出了规定：在比赛中，运动员发球时，球从不执拍手中向上抛起至少 16 厘米。

1989 年 4 月，在第四十届国际乒乓球联合会代表大会上，又严格了规则，要求将球几乎垂直向上抛起。当球与不执拍手接触期间，不执拍手必须在台面以上即发球员的端线及假想延长线之后。

比赛时间限定

乒乓球早期比赛规则对比赛时间没有任何限制，经常出现"马拉松"式的比赛。第十届世界乒乓球锦标赛尤为突出，奥地利与罗马尼亚的比赛竟然打了 3 天之久，最后，奥地利才以 5：4 险胜。

在第十一届世界乒乓球锦标赛中，女子单打的冠亚军决赛，因双方运动员都以"不俗为目标"而打"蘑菇球"，致使比赛时间拖得很长，裁判员要采用抽签方法决定胜负，双方运动员都不同意，本届世界乒乓球锦标赛无女子单打冠军。

1937 年国际乒乓球联合会对比赛规则中的时间作了明确的规定：即一场 3 局 2 胜的比赛不得超过 1 小时，5 局 3 胜的比赛不得超过 1 小时 45 分钟。后来又定为一局 20 分钟。

1965 年第二十八届世界乒乓球锦标赛，开始试行每局比赛限定为 15 分钟。到时即中断比赛，实行"轮换发球法"的比赛方式。即为每人发一个球交换，发球方必须在 13 板内结束比赛状态，否则将判发球方失一分。

20 世纪 80 年代初，国际乒乓球联合会对乒乓球比赛规则进行了进一步的修订：第一，实行一回合结束，裁判员立即报分。

第二，仅在每一局开始后的每五分球或决胜局交换方位时，裁判员可允许运动员有短暂的擦汗时间。

第三，对裁判员紧急中断比赛要严格加以限制，对于规则规定的时间，裁判员无权延长，如赛前练习时间一律为 2 分钟；赛中局与局之间一律休息 2 分钟，场与场之间不能超过 10 分钟的休息。

第四，如果运动员在一局比赛中损坏了球拍，他必须立即更换另一块他本人带进禁区，或由其他人送入赛区的球拍继续比赛。

第五，除在规定的时间外，若有任何人企图提供或接受场外指导，或影响正在进行中的比赛，裁判员必须警告该指导者，若其再犯，将会被逐离赛区。若拒绝离开，裁判员必须立即中断比赛，报告裁判长。

一般竞赛规则 （节选）

2.5 定义

2.5.1 "回合"：球处于比赛状态的一段时间。

2.5.2 "球处于比赛状态"：从发球时球被有意向上抛起前静止在不执拍手掌上的最后一瞬间开始，直到该回合被判得分或重发球。

2.5.3 "重发球"：不予判分的回合。

2.5.4 "一分"：判分的回合。

2.5.5 "执拍手"：正握着球拍的手。

2.5.6 不执拍手：未握着球拍的手。不执拍手臂：不执拍手的手臂。

2.5.7 "击球"：用握在手中的球拍或执拍手手腕以下部分触球。

2.5.8 "阻挡"：对方击球后，在比赛台面上方或向比赛台面方向运动的球，尚未触及本方台区，即触及本方运动员或其穿戴（带）的任何物品，即为阻挡。

2.5.9 "发球员"：在一个回合中首先击球的运动员。

2.5.10 "接发球员"：在一个回合中第二个击球的运动员。

2.5.11 "裁判员"：被指定管理一场比赛的人。

2.5.12 "副裁判员"：被指定在某些方面协助裁判员工作的人。

2.5.13 运动员"穿或戴（带）"的任何物品，包括他在一个回合开始时穿或戴（带）的任何物品，但不包括比赛用球。

2.5.14　越过或绕过球网装置：除从球网和比赛台面之间通过以及从球网和网架之间通过的情况外，球均应视作已"越过或绕过"球网装置。

2.5.15　球台的"端线"，包括端线两端的无限延长线。

2.6　发球

2.6.1　发球开始时，球自然地置于不持拍手的手掌上，手掌张开，保持静止。

2.6.2　发球员须用手将球几乎垂直地向上抛起，不得使球旋转，并使球在离开不执拍手的手掌之后上升不少于 16 厘米，球下降到被击出前不能碰到任何物体。

2.6.3　当球从抛起的最高点下降时，发球员方可击球，使球首先触及本方台区，然后越过或绕过球网装置，再触及接发球员的台区。在双打中，球应先后触及发球员和接发球员的右半区。

2.6.4　从发球开始，到球被击出，球要始终在比赛台面的水平面以上和发球员的端线以外；而且不能被发球员或其双打同伴的身体或他们所穿戴（带）的任何物品挡住。

2.6.5　球一旦被抛起，发球员的不执拍手臂应立即从球和球网之间的区域移开。

2.6.6　运动员发球时，应让裁判员或副裁判员看清他是否按照合法发球的规定发球。

2.6.6.1　如果裁判员对运动员发球合法性有怀疑，在一场比赛中第一次出现时，判重发球，并警告发球方。

2.6.6.2　此后，裁判员对该运动员或其双打同伴发球动作的合法性再次怀疑，将判接发球方得 1 分。

2.6.6.3　无论是否第一次或任何时候，只要发球员明显没有按照合法发球的规定发球，无需警告，应判接发球方得 1 分。

2.6.7　运动员因身体伤病而不能严格遵守合法发球的某些规定时，可由裁判员做出决定免于执行。

2.7 还击

2.7.1 对方发球或还击后，本方运动员必须击球，使球直接越过或绕过球网装置，或触及球网装置后，再触及对方台区。

2.8 比赛次序

2.8.1 在单打中，首先由发球员发球，再由接发球员还击，然后两者交替还击。

2.8.2 在双打中，首先由发球员发球，再由接发球员还击，然后由发球员的同伴还击，再由接发球员的同伴还击，此后，运动员按此次序轮流还击。

2.8.3 在两名由于身体伤残而坐轮椅的运动员配对进行的双打中，发球员应先发球，接发球员应还击，此后伤残双打中的任何一名运动员可还击。

然而，运动员轮椅的任何部分不能超出球台中线的假定延长线。如果超出，裁判员将判对方得一分。

2.9 重发球

2.9.1 回合出现下列情况应判重发球：

2.9.1.1 如果发球员发出的球，在越过或绕过球网装置时，触及球网装置，此后成为合法发球或被接发球员或其同伴阻挡。

2.9.1.2 如果接发球员或接发球方未准备好时，球已发出，而且接发球员或接发球方没有企图击球。

2.9.1.3 由于发生了运动员无法控制的干扰，而使运动员未能发球、还击或遵守规则。

2.9.1.4 裁判员或副裁判员暂停比赛。

2.9.1.5 由于身体残疾而坐轮椅的运动员在接发球时，出现下列情况应判重发球：

2.9.1.5.1 球在触及接发球员的台区后，朝着球网方向离开球台；

2.9.1.5.2 球停在接发球员的台区上；

2.9.1.5.3 在单打中，球在触及接发球员的台区后，从其任意一条边线离开球台。

2.9.2 可以在下列情况下暂停比赛：

2.9.2.1 由于要纠正发球、接发球次序或方位错误；

2.9.2.2 由于要实行轮换发球法；

2.9.2.3 由于警告或处罚运动员；

2.9.2.4 由于比赛环境受到干扰，以致该回合结果有可能受到影响。

2.10 一分

2.10.1 除被判重发球的回合，下列情况运动员得一分：

2.10.1.1 对方运动员未能正确发球；

2.10.1.2 对方运动员未能正确还击；

2.10.1.3 运动员在发球和还击后，对方运动员在击球前，球触及了除球网装置以外的任何东西。

2.10.1.4 对方击球后，球没有触及本方台区而越过本方台区或其端线。

2.10.1.5 对方阻挡；

2.10.1.6 对方连击；

2.10.1.7 对方用不符合 2.4.3，2.4.4 和 2.4.5 条款的拍面击球。

2.10.1.8 对方运动员或他穿或戴的任何东西使球台移动；

2.10.1.9 对方运动员或他穿或戴的任何东西触及球网装置；

2.10.1.10 对方运动员不执拍手触及比赛台面；

2.10.1.11 双打时，对方运动员击球次序错误；

2.10.1.12 执行轮换发球法时，出现 2.15.2 条款情况。

2.11 一局比赛

2.11.1 在一局比赛中，先得 11 分的一方为胜方。10 平后，先多得 2 分的一方为胜方。

2.12　一场比赛

2.12.1　一场比赛由奇数局组成。

2.13　发球、接发球和方位的次序

2.13.1　选择发球、接发球和方位的权力应由抽签来决定。中签者可以选择先发球或先接发球，或选择先在某一方位。

2.13.2　当一方运动员选择了先发球或先接发球，或选择了先在某一方位后，另一方运动员必须有另一个选择。

2.13.3　在获得每2分之后，接发球方即成为发球方，依此类推，直至该局比赛结束，或者直至双方比分都达到10分或实行轮换发球法，这时，发球和接发球次序仍然不变，但每人只轮发一分球。

2.13.4　在双打的第一局比赛中，先发球方确定第一发球员，再由先接发球方确定第一接发球员。在以后的各局比赛中，第一发球员确定后，第一接发球员应是前一局发球给他的运动员。

2.13.5　在双打中，每次换发球时，前面的接发球员应成为发球员，前面的发球员的同伴应成为接发球员。

2.13.6　一局中首先发球的一方，在该场下一局应首先接发球。在双打决胜局中，当一方先得5分时，接发球方应交换接发球次序。

2.13.7　一局中，在某一方位比赛的一方，在该场下一局应换到另一方位。在决胜局中，一方先得5分时，双方应交换方位。

2.14　发球、接发球次序和方位的错误

2.14.1　裁判员一旦发现发球、接发球次序错误，应立即暂停比赛，并按该场比赛开始时确立的次序，按场上比分由应该发球或接发球的运动员发球或接发球；在双打中，则按发现错误时那一局中首先有发球权的一方所确立的次序进行纠正，继续比赛。

2.14.2　裁判员一旦发现运动员应交换方位而未交换时，应立即暂停比赛，并按该场比赛开始时确立的次序，按场上比分运动员应站的正确方位进行纠正，再继续比赛。

2.14.3 在任何情况下，发现错误之前的所有得分均有效。

2.15 轮换发球法

2.15.1 如果一局比赛进行到 10 分钟仍未结束（双方都已获得至少 9 分时除外），或者在此之前任何时间应双方运动员要求，应实行轮换发球法。

2.15.1.1 当时限到时，球仍处于比赛状态，裁判员应立即暂停比赛。由被暂停回合的发球员发球，继续比赛。

2.15.1.2 当时限到时，球未处于比赛状态，应由前一回合的接发球员发球，继续比赛。

2.15.2 此后，每位运动员都轮发 1 分球，直至该局结束。如果接发球方进行了 13 次还击，则判接发球方得 1 分。

2.15.3 轮换发球法一经实行，将一直使用到该场比赛结束。

国际竞赛规程

3.1 规则和规程的适用范围

3.1.1 比赛类型

3.1.1.1 "国际竞赛"，即一个以上协会的运动员参加的比赛。

3.1.1.2 "国际比赛"，即不同协会代表队之间的比赛。

3.1.1.3 "公开赛"，即所有协会的运动员均可报名参加的比赛。

3.1.1.4 "限制赛"，即除年龄组外只限于特定组别的运动员参加的比赛。

3.1.1.5 "邀请赛"，即限于个别邀请的、指定运动员参加的比赛。

3.1.2 适用范围

3.1.2.1 除了 3.1.2.2 另有规定或参加的协会达成另外的协议，

规则（即第二章）将适用于世界、洲际和奥林匹克的比赛，以及公开赛和国际比赛。

3.1.2.2　理事会可授权公开赛的组织者，采用执委会颁发的实验性规则。

3.1.2.3　国际竞赛规程应适用于下列比赛：

3.1.2.3.1　世界和奥林匹克的比赛，除非理事会许可了另外的规程，并事先通知了各参赛协会；

3.1.2.3.2　洲的比赛，除非有关洲联合会许可了另外的规程，并事先通知了各参赛协会；

3.1.2.3.3　公开锦标赛（3.7.1.2），除非国际乒联执委会许可了另外的规程，并由参赛者按3.1.2.4条规定予以同意；

3.1.2.3.4　公开赛，3.1.2.4条款规定的除外。

3.1.2.4　不符合本规程任何条款而举办的公开赛，应在报名表中说明变化的性质和范围；填写并提交报名表应被视为报名者同意包括更改内容在内的比赛条件。

3.1.2.5　建议此竞赛规程应用于所有国际比赛；但在遵守章程的条件下，非会员单位组织的国际限制赛、邀请赛以及经许可的国际比赛，可以按照主办机构制定的规则举行。

3.1.2.6　本规则和国际竞赛规程被认为适用于所有国际比赛，除非各项变化事先得到同意，或明确写入已公布的该比赛规程中。

3.1.2.7　规程的详细说明和理解，包括器材规格的说明，应以理事会许可的《技术文书》、《比赛官员手册》和《裁判长手册》的形式公布。

……

3.3　比赛官员

3.3.1　裁判长

3.3.1.1　每次竞赛应指派一名裁判长，其身份和工作地点应告知所有参赛者及队长。

3.3.1.2　裁判长应对下列事项负责：

3.3.1.2.1　主持抽签；

3.3.1.2.2　编排比赛日程；

3.3.1.2.3　指派裁判人员；

3.4.1.2.4　主持裁判人员的赛前短会；

3.3.1.2.5　审查运动员的参赛资格；

3.3.1.2.6　决定在紧急时刻是否中断比赛；

3.3.1.2.7　决定在一场比赛中运动员是否可以离开赛区；

3.3.1.2.8　决定是否可以延长法定练习时间；

3.3.1.2.9　决定在一场比赛中运动员能否穿长运动服；

3.3.1.2.10　对解释规则和规程的任何问题做出决定，包括服装、比赛器材和比赛条件的可接受性；

3.3.1.2.11　决定在比赛紧急中断时，运动员能否练习，以及练习地点；

3.3.1.2.12　对于不良行为或其他违反规程的行为采取纪律行动。

3.3.1.3　经竞赛管理委员会的同意，当裁判长的任何职责托付给其他人员时，这些人员中的每个人的特殊职责和工作地点应告知参赛者及队长。

3.3.1.4　裁判长或在其缺席时负责代理的副裁判长，在比赛过程中自始至终应亲临比赛场地。

3.3.1.5　如果裁判长认为必要，可在任何时间更换裁判人员，但不得更改被更换者在其职权范围内就事实问题做出的判定。

3.3.1.6　从抵达比赛场地开始至离开场地，运动员应处于裁判长的管辖之下。

3.3.2　裁判员

3.3.2.1　每场比赛均应指派 1 名裁判员和 1 名副裁判员。

3.3.2.2　裁判员应坐或站在球台一侧，与球网成一直线。副裁判员应面对裁判员坐在球台另一侧。

3.3.2.3　裁判员应对下列事项负责：

3.3.2.3.1 检查比赛器材和比赛条件的可接受性，如有问题向裁判长报告；

3.3.2.3.2 按3.4.2.1.1和3.4.2.1.2条款规定，任意取一只球；

3.3.2.3.3 主持抽签确定发球、接发球和方位；

3.3.2.3.4 决定是否由于运动员身体伤病而放宽合法发球的某些规定；

3.3.2.3.5 控制方位和发球、接发球的次序，纠正上述有关方面出现的错误；

3.3.2.3.6 决定每一个回合得1分或重发球；

3.3.2.3.7 根据规定的程序报分；

3.3.2.3.8 在适当的时间执行轮换发球法；

3.3.2.3.9 保持比赛的连续性；

3.3.2.3.10 对违反场外指导或行为等规定者采取行动。

3.3.2.3.11 如果双方运动员或运动队所穿短袖运动衫类似且均不愿更换时，抽签决定某一方必须更换。

3.3.2.4 副裁判员应：

3.3.2.4.1 决定处于比赛状态中的球是否触及距离他最近的比赛台面的上边缘。

3.3.2.4.2 有违反场外指导或行为规定时，通知裁判员。

3.3.2.5 裁判员或副裁判员均可判决：

3.3.2.5.1 运动员发球动作不合法；

3.3.2.5.2 合法发球在球越过或绕过球网装置时触及球网装置；

3.3.2.5.3 运动员阻挡；

3.3.2.5.4 比赛环境受到意外干扰，该回合的结果有可能受到影响；

3.3.2.5.5 掌握练习时间、比赛时间及间歇时间。

3.3.2.6 执行轮换发球法时，副裁判员或另外指派的一名裁判人员均可当计数员，计接发球方运动员的击球板数。

3.3.2.7 裁判员不得否决副裁判员或计数员根据3.3.2.5和3.3.2.6条款所做出的决定。

3.3.2.8　从抵达比赛区域开始至离开区域，运动员应处于裁判员的管辖之下。

……

3.4　比赛的管理

3.4.1　报分

3.4.1.1　当球一结束比赛状态，或在情况允许时，裁判员应立即报分。

3.4.1.1.1　报分时，裁判员应首先报下一回合即将发球一方的得分数，然后报对方的得分数。

3.4.1.1.2　在一局比赛开始后该交换发球权时，裁判的手势应指向下一个即将发球者，也可以在报完比分后，报出下一个即将发球员的名字。

3.4.1.1.3　一局比赛结束时，裁判员应先报胜方运动员的姓名，然后报胜方得分数，再报负方的得分数。

3.4.1.2　裁判员除报分外，还可以用手势表示他的判决。

3.4.1.2.1　当判得分时，裁判员应将靠近得分方的手臂举起，使上臂水平，前臂垂直，手握拳向上。

3.4.1.2.2　当出于某种原因，回合应被判为重发球时，裁判员可以将手高举过头表示该回合结束。

3.4.1.3　报分，以及在实行轮换发球法时的报数，裁判员应使用英语或双方运动员及裁判员均能接受的任何其它语言。

3.4.1.4　应使用机械或电子设备显示比分，使运动员和观众都能看清楚。

3.4.1.5　当运动员因不良行为受到正式警告后，应在记分牌该运动员得分处放置一个黄牌。

3.4.2　器材

3.4.2.1　运动员不得在赛区内挑选比赛用球。

3.4.2.1.1　在进入赛区之前，运动员应有机会挑选一个或几个比赛用球，并由裁判员任意从中取一个球进行比赛。

3.4.2.1.2　如果未能在运动员进入赛区前挑选比赛用球，则由裁判员从一盒大会指定的比赛用球中任意取一个进行比赛。

3.4.2.1.3　如果比赛中球损坏，应由比赛前选定的另外一个球代替；如果没有赛前选定的球，则由裁判员从一盒大会指定的比赛用球中任意取一个球代替。

3.4.2.2　在一场单项比赛中，不允许更换球拍，除非球拍意外严重损坏到不能使用。如果运动员在比赛中损坏了球拍，应立即替换随身带来的另一块球拍，或场外递进的球拍。

3.4.2.3　运动员在比赛间歇时，应将球拍留在比赛的球台上。得到裁判员的特殊许可除外。

3.4.3　练习

3.4.3.1　在一场比赛开始前 2 分钟，运动员有权在比赛球台上练习，正常间歇不能练习。只有裁判长有权延长特殊的练习时间。

3.4.3.2　在紧急中断比赛时，裁判长可允许运动员在任何球台上练习，包括比赛用的球台。

3.4.3.3　运动员应有合理的机会检查和熟悉将要使用的器材，在替换破球或损坏的球拍以后，运动员可练习少数几个回合，然后继续比赛。

3.4.4　间歇

3.4.4.1　除了一方运动员提出要求外，单项比赛应连续进行。

3.4.4.1.1　在单项比赛的局与局之间，有不超过 1 分钟的休息时间；

3.4.4.1.2　在单项比赛的每局比赛中，每得 6 分后，或决胜局交换方位时，可用短暂的时间擦汗。

3.4.4.2　一名或一对双打运动员可在一场单项比赛中要求一次暂停，时间不超过 1 分钟。

3.4.4.2.1　在单项比赛中，暂停应由运动员或指定的场外指导者提出；在团体比赛中，应由运动员或队长提出。

3.4.4.2.2　如果一名运动员或一对运动员与其指导者或教练员对是否暂停有不同意见时，在单项比赛中决定权属于这名或这对运动员，在团体比赛中决定权属于指导者或教练员。

3.4.4.2.3　请求暂停只有在球未处于比赛状态时做出，应用双手做出"T"型表示。

3.4.4.2.4　在得到某方合理的暂停请求后，裁判员应暂停比赛并出示白牌，然后将白牌放在提出要求暂停一方运动员的台区上。

3.4.4.2.5　当提出暂停的一方运动员准备继续比赛（以时间短的计算）或1分钟暂停时间已到时，白牌应被拿走并且立即恢复比赛。

3.4.4.2.6　如果比赛双方运动员或是他们的代表同时提出要求暂停，应在双方运动员准备恢复比赛或暂停时间满一分钟时继续比赛。在这场单项比赛中，双方运动员都不再有暂停的权利。……

PART 10 赛事组织

组织程序

竞赛组织的程序

乒乓球竞赛的组织工作大体可以分为赛前、赛期和赛后三个阶段。

赛前阶段

（1）制定竞赛规程。

竞赛规程一般由竞赛主办单位根据竞赛的目的、性质、规模、时间和场地设施等情况来制定。其内容主要包括竞赛名称、目的、日期、地点、竞赛项目、竞赛办法、报名资格、报名人数、报名截止时间、报到日期、录取名次、采用的竞赛规则以及其它补充规定，如参赛人员的资格等。

竞赛规程要做到概念清晰、用语恰当、要求明确，并在比赛前尽早地发给各参赛单位，以便做好准备。竞赛规程一般应提早至少一个月发送到各参赛单位。

（2）准备场地器材。

赛前要准备好场地、器材，且场地、器材应符合比赛要求。

（3）接受报名。

报名表是抽签、编排工作的主要依据。报名表的内容填写是否正确，直接关系到抽签编排工作的进度和质量。报名表收到后，应逐项审核是否合乎规程和填表要求。如有问题，必须立即与有关单位联系解决。审核完的报名表应及时填入"报名汇总表"，并在报名表汇齐后迅速提供参加各项比赛的队（人）数、领队和教练员的姓名、运动员号码对照表，并将其作为抽签、编排比赛次序和编制次序册的依据。报名汇总表必须反复审核，做到准确。

如已经寄出报名单的单位，在抽签之前要求更换运动员或配对，应予同意，但应由该单位提出书面申请。在抽签之前提出变更申请时，应按乒乓球竞赛规则的"变更抽签"的条款规定处理。

（4）组织抽签。

（5）编排竞赛次序。

（6）印发次序册。

次序册是各运动队参加比赛和各有关部门开展工作的主要文件依据。其内容一般包括竞赛规程，组织委员会名单，裁判员名单，领队、教练员名单及运动员姓名号码对照表，竞赛日程，团体比赛次序表，单项比赛次序表，场地平面图等。

（7）安排赛前练习。

参赛者到达比赛场地后，一般对当地的气候、场地等比赛环境有一个适应过程。因此，竞赛的主办单位必须在规定的报到日期至比赛开始前的这段时间里安排练习场地，以供参赛者练习，适应比赛环境。一般的做法是：参赛者报到后，主办单位应立即发给赛前练习日程表，使之尽早参加赛前练习。赛前练习日程表，应尽早发给场地、交通、生活、竞赛等有关部门，或在练习场地宣告栏上张贴一份，便于各部门密切协作。

安排赛前练习时，应尽量使各参赛者练习机会均等（时间及球台），对各参赛者提出的某些合理要求也应尽可能予以满足。赛前练习时间安排，如打算每天按三节（上午、下午、晚上）六段安排时，则可只安排五段，留出一段时间作为机动，以备迟到者临时使用。例如：

上午：8：00—9：30；9：30—11：00

下午：14：00—15：30；15：30—17：00

晚上：19：00—20：30；20：30—22：00（机动）

每天可安排每个参赛者进行 2 小时（一次）或 3 小时（分为两次）的练习，并尽可能使每个参赛者练习的时间相等。原则上每两名选手可安排一张球台练习，不过，也可按代表队分配使用练习场地和球台。

赛期阶段

本阶段的主要工作是记录和公布成绩。

较大规模的竞赛应设立记录组。记录组的任务是负责审核记分表，并迅速公布比赛成绩和记录比赛结果。

赛后阶段

（1）编印成绩册。

成绩册是竞赛工作的重要资料，同时也可为今后举办竞赛提供依据和参考。成绩册的内容主要是各个竞赛项目的比赛成绩，其成绩应与记分表中的原始记录完全一致。

（2）竞赛资料归档。

竞赛活动结束后，应及时将各种文件、通知、方案、表格等竞赛资料整理归档，以便总结工作，并为今后组织竞赛提供参考。

抽签

单淘汰赛有很强的机遇性，因而必须采用"抽签"的办法确定竞赛次序，以"机遇"对付机遇性，使运动员（队）在无法消除的强机遇性面前有均等的"机遇"，以保证竞赛公平、合理。

乒乓球的抽签不是完全随意的、无条件的，而是要采用"控制"的手段，保证达到"种子选手按种子序号合理分开，使之最后相遇；同单位队员按技术序号合理分开，使之最后相遇"两点基本要求。完全随意的抽签办法，是不可能保证抽签要求达到的；而过多地、不必要地进行控制，又会使抽签失去意义。

抽签工作的任务，就是在保证达到乒乓球竞赛规则对抽签的两条基本要求的前提下，使每个运动员（队）在抽签过程中获得最大限度的"机遇"。

准备工作

抽签准备工作做得充分与否，直接关系到抽签工作的成败。乒乓球抽签的准备工作主要有掌握报名情况，确定竞赛办法，确定号码位置、轮空位置或抢号位置，确定种子数量、名单、序号和位置，研究抽签方案，准备抽签用具，组织抽签班子，进行抽签实习等。

掌握报名情况

接到报名单以后，我们首先应依据规程的规定对其认真进行审核，看其是否符合竞赛规程的规定。其中包括对报名资格审查，人数、项目核查，报名单排列顺序，等等。然后，汇总参赛的总人数和对数（双打），以便最终确定具体的抽签方案和编排方法。从汇总报名单上，要能清楚地看出每个参加单位在各个比赛项目中的队数、人数和对数，以及参加各个比赛项目的总队数、总人数和总对数。

抽签方案

在核实了报名情况、明确了竞赛办法、选定了号码位置、解决了种子设置等问题的基础上，还要进一步研究各竞赛项目的具体抽签方案。在考虑抽签方案时，应认真分析矛盾，摸清规律，力求使抽签方案制订得科学、合理。

根据各竞赛项目所采用的竞赛办法和各参赛单位的运动员人（对）数情况，可以采用不同的抽签方法。

循环赛：乒乓球竞赛的团体比赛项目，通常采用分阶段循环赛的竞赛办法。这种竞赛办法的抽签比较简单，一般采用"直接分组定位"的抽签方法，即采用一次性抽签，将种子队和非种子队直接确定到各个组内。

淘汰赛：乒乓球竞赛的单项比赛，通常采用单淘汰赛的竞赛办法。这种竞赛办法的抽签较为复杂，一般采用"先分区后定位"的抽签方法，即先采用一次性抽签，将各参赛单位的运动员分到号码位置的各个"区"内，使每个"区"内原则上达到每一单位只有 1 名（对）运动员（个别单位可能有 2 名或 2 对运动员）；在此基础上，再采用一次性抽签，将各个"区"内的运动员确定到具体的号码位置。

确定抽签顺序，可采用多种处理办法。既可以按参赛单位的人数和种子多少排列抽签顺序，又可以按参赛单位名称的笔画多少或字母顺序排列抽签顺序，还可以采用抽签的办法临时决定抽签顺序，等等。

在通常情况下采用的办法是按报名的先后次序排列抽签顺序。这种办法有助于激励各参赛单位及时报名。

抽签实习

首先，准备抽签用"签卡"。"签卡"可用一面有图案、一面空白的卡片制作。"签卡"有两大类：一类是"名签"，一类是"号签"。

名签和号签分别使用两种不同颜色的卡片。名签用于书写运动员姓名（种子运动员）、运动员的单位排列序号（非种子运动员）或参赛单位队名等；号签用于书写位置号、区号或组号等。

由于名签和号签的数量相当大，每个竞赛项目的队都各用自己的一套"签卡"，因而必须依照抽签的实际程序严格将其整理好，并在正式抽签前封存。

其次，制定分区控制表。在采用单淘汰的竞赛办法时，要根据实际抽签方法及参加竞赛的单位数和各单位的运动员人（对）数，绘制出相应的"分区控制表"。

各个竞赛项目的分区控制表应专门制作，单独使用。在正式抽签前，表内各种符号和各项数字均应填好，并且核对无误。抽签完毕，应将抽签顺序填入表内。

第三，准备抽签记录表。记录员应准备好各个竞赛项目的"抽签记录表"。在抽签时，应及时将抽签结果填入记录表中。抽签记录表不仅是编排竞赛次序的依据，而且是核对抽签结果的主要凭证。抽签记录表的设计应便于记录和核对。

由于抽签过程中可能会出现的某些变更和差错，因而需要准备一些抽签备用品。抽签备用品包括空白的签卡，分区控制表、抽签记录表，乒乓球竞赛规则，该次竞赛的竞赛规程，全部原始报名表与报名汇总表，种子名位及确定的依据，一些必需的文具用品等。

确定竞赛办法

竞赛规程所规定的竞赛办法一般是原则上的。因为实际报名情况和比赛条件的变化与制订规程的主观设想常常会出现差距。如果规程对竞赛办法规定得太死板、太具体，就可能会给竞赛工作带来困难。正由于规程对竞赛办法的规定比较原则，因而更需要吃透规程的基本精神，并根据报名和比赛场地等情况，制定出具体的竞赛办法。

竞赛规程规定了"团体比赛采用分阶段循环赛的竞赛办法"，但对"如何划分阶段"一般不作具体规定。例如，有45个队报名参加男子团体比赛。根据比赛时间、场地设施等情况，应考虑采用三阶段单循环赛。

第一阶段，将所有队分成9个小组，每组5个队，然后分组进行单循环赛；第二阶段，将在第一阶段比赛中获得同名次的各9个队再分成3个小组，每组3个队，然后分组进行单循环赛；第三阶段，将在第二阶段比赛中获得同名次的各3个队再分为一小组，然后分别进行单循环赛，并排出45个队的全部名次。

确定号码位置、轮空位置和抢号位置

采用单淘汰赛的竞赛办法时，需要确定比赛次序表的号码位置数。号码位置数应为2的乘方数。如果参加比赛的人（队）数小于或大于号码位置数，就应设置必要数量的轮空位置或抢号位置。轮空位置或抢号位置的号码，均可从"轮空位置表"中查得。

采用先循环后淘汰的竞赛办法时，第二阶段参加单淘汰赛的人（队）数，应尽量是2的乘方数。

确定种子数量、名单、序号和位置

采用单淘汰赛的竞赛办法时，种子数目应为2的乘方数，一般在每6—12人（队）中安排1名种子。种子名单和序号的确定，主要依据运动员（队）以往的比赛成绩。在考虑种子序号时，应以"分批"设置为宜。

比如，需设16名种子，其序号不必从第1排到第16，而应分批排列为：第1号、第2号种子，第3号、第4号种子，第5—8号种子，第9—16号种子。种子的位置号码，可以从"种子位置表"中查得。

采用分阶段循环赛和循环赛结合淘汰赛的竞赛办法时，需要根据实际报名的情况和具体竞赛办法确定种子的设置。一般的情况是按分组的数量设置种子，每组可设 1—2 名种子。

组织抽签班子

抽签班子人员的多少，可根据竞赛的规模和级别而定。主要的工作人员及其职责分工情况如下：

主抽人：是抽签工作的主要负责人，其掌握各种名签（队名签，人名签），组织实施抽签。由裁判长或副裁判长担任。

号签员：掌握各种号签（区签、组签、位置签），配合主抽人进行具体抽签。

控制员：掌握抽签控制表，记录种子进位和非种子进区情况，向主抽人提示对不同运动员所需进行的控制。

记录员：正式记录各项抽签结果。

国际乒联对组织程序的规定（节选）

3.6 淘汰赛的抽签

3.6.1 轮空和预选赛

3.6.1.1 淘汰赛第一轮的位置数应为 2 的幂。

3.6.1.1.1 如果位置数多于已接纳的报名人数，第一轮应设置足够的轮空位置以补足所需位置数目。

3.6.1.1.2 如果位置数少于已接纳的报名人数，应举行预选赛，使预选赛出线人数和免于参加预选赛的人数的总和等于所需的位置数。

3.6.1.2 轮空位置应按照种子排列先后次序安排，在第一轮中尽可能均匀分布。

3.6.1.3 通过预选赛的选手应视情况尽可能均匀地抽入相应的上下半区、各 1/4 区、1/8 区或 1/16 区。

3.6.2 按排名排列种子

3.6.2.1 排名在前的选手应被列为种子，以使他们在比赛进行到较后轮次时相遇。

3.6.2.2 种子数不得超过该项比赛第一轮的选手数。

3.6.2.3 第一号种子应安排在上半区的顶部，第二号种子应安排在下半区的底部，其余种子应通过抽签进入规定的位置，具体如下：

3.6.2.3.1 第三、第四号种子应抽入上半区的底部和下半区的顶部；

3.6.2.3.2 第五至第八号种子应抽入单数1/4区的底部和双数1/4区的顶部；

3.6.2.3.3 第九至第十六号种子应抽入单数1/8区的底部和双数1/8区的顶部；

3.6.2.3.4 第十七至第三十二号种子应抽入单数1/16区的底部和双数1/16区的顶部。

3.6.2.4 在团体淘汰赛中，每一协会中排名最高的队才有资格按排名被列为种子。

3.6.2.5 排列种子应按国际乒联最新公布的排名表为准，下列情况除外：

3.6.2.5.1 如果符合种子条件的报名选手（队）均来自同一洲联合会下属的协会，该联合会最新公布的排名表应优先考虑；

3.6.2.5.2 如果符合种子条件的报名选手均来自同一协会，该协会最新公布的排名表应优先考虑。

3.6.3 按协会提名排列种子

3.6.3.1 来自同一协会的报名选手应尽可能合理分开，使他们在比赛进行较后轮次时相遇。

3.6.3.2 各协会应按技术水平由强至弱地排列其报名运动员和双打配对的顺序，并应与种子排名表的顺序一致。

3.6.3.3 排列为第一和第二号的选手应被抽入不同的半区，第三和第四号选手应被抽入没有本协会第一、第二号选手所在的另外两个1/4区。

3.6.3.4 排名第五至第八号的选手，应尽可能均匀地抽入没有前四号选手的 1/8 区。

3.6.3.5 排名第九至第十六号的选手应尽可能均匀地抽入没有前八号选手的 1/16 区，以此类推直到所有报名选手都进入适当位置为止。

3.6.3.6 由不同协会的选手组成的男子双打或女子双打配对，应被视为属于在世界排名表上排名较高选手的协会；如果两名选手在世界排名表无名，则应被视为属于在相应的洲联合会排名表排名较高选手的协会；如果两名选手均不在上述排名表内，则应被视为属于在世界团体赛排名表中排名较高的协会。

3.6.3.7 由不同协会的选手组成的混合双打配对，应被视为属于男选手的协会。

3.6.3.8 或者，任何由不同协会的运动员组成的双打配对可被视为同属于这两个协会。

3.6.3.9 在预选赛中，同一协会的不多于预选赛分组数目的选手应抽入不同的小组，并应按 3.6.3.3—5 所述的原则使通过预选赛的选手尽可能地合理分开。

3.6.4 变更抽签

3.6.4.1 只有竞赛管理委员会授权，才能对已经结束的抽签进行更改，情况许可时，还须征得各与之直接有关协会代表的同意。

3.6.4.2 只有在纠正因通知和接受报名方面产生的错误和误解，纠正 3.6.5 所述的严重不平衡，或按 3.6.6 所述加入补报的运动员时，才可对抽签进行更改。

3.6.4.3 一个项目比赛开始后，除必要的删减外，抽签结果不可作任何更改；但预选赛可视作一个单独项目，不在此例。

3.6.4.4 未得到有关运动员的许可，不可将其从抽签中除掉，除非其已被取消比赛资格；如果运动员在场，该许可应由运动员本人提出，如果运动员缺席，可由其授权的代表提出。

3.6.4.5 如果两名双打运动员均已到会，健康状况允许比赛，不得变更其配对，变更配对的理由须是其中一名运动员受伤、生病或缺席。

3.6.5 重新抽签

3.6.5.1 除 3.6.4.2 、3.6.4.5 和 3.6.5.2 条情况外，不允许运动员从抽签的一个位置移到另一个位置。如果因任何原因使抽签结果极不平衡，应尽可能全部重新抽签。

3.6.5.2 如果不平衡是由于同一抽签区内若干种子选手缺席造成，只可将剩余种子重新排列顺序，在种子范围内重新抽签，尽可能考虑按协会提名排种子的规定。

3.6.6 增补

3.6.6.1 抽签时未包括在一个项目内的运动员，由竞赛管理委员会许可及经裁判长同意，可以增补。

3.6.6.2 首先应按排名顺序，将实力最强的增补运动员补抽进种子位的空缺；然后，将多出的选手先抽入因缺席或取消资格而出现的空位，而后抽入不与种子位相邻的轮空位。

3.6.6.3 如果运动员或双打配对按照排名可以作为种子进入原抽签，则只能抽入种子位的空缺。

3.7 竞赛的组织工作

3.7.1 许可

3.7.1.1 在遵守章程规定的前提下，任何协会都可以在本土组织或授权组织公开赛、限制赛、邀请赛或安排国际比赛。

3.7.1.2 协会可以在任何赛季提出举办成年、少年和老将公开赛各一次，作为它的成年、少年或者老将国际公开赛。只有经其协会允许的运动员，才可以参加此类比赛，但这种允许不应是没有理由的限制。

3.7.1.3 运动员未经其协会允许不得参加国际限制赛或国际邀请赛，除非获得国际乒联的允许，或运动员均来自同一洲时，得到洲联合会的允许。

3.7.1.4 被其协会暂停比赛的运动员不得参加国际比赛。

3.7.1.5 一名运动员或运动队如果被其所属协会或洲联合会暂停比赛，将不能参加国际比赛。

3.7.1.6 未经国际乒联允许，任何比赛不能用"世界"称号；未经洲联合会允许，不能用"洲"称号。

3.7.2 代表资格

3.7.2.1 有选手报名参加国际公开锦标赛的所有协会的代表有权出席抽签，有权参与磋商抽签的更改或可能直接影响其选手的申诉的决定。

3.7.2.2 来访协会应有权提名至少一名代表进入其参加的国际比赛的管理委员会。

3.7.3 报名

3.7.3.1 国际公开锦标赛的报名表，最迟应于比赛开始前两个月和报名截止前一个月寄给所有协会。

3.7.3.2 公开赛的组织者应接受由协会报名参赛的所有选手，但有权将报名选手安排进行预选赛；在决定此安排时，组织者应考虑国际乒联和洲联合会有关的排名表，以及由报名协会提出的报名顺序。

3.7.4 比赛项目

3.7.4.1 国际公开锦标赛可以包括男子单打、女子单打、男子双打、女子双打。也可包括混合双打和代表协会参赛队的团体赛。

3.7.4.2 在冠以"世界"头衔的比赛中，参加青年、少年和儿童比赛的运动员必须在该比赛举行的前一年12月31日前分别不满21岁、18岁和15岁。建议在其它相应的比赛中采用上述的年龄限制。

3.7.4.3 建议国际公开锦标赛上的团体赛应按3.7.6中的一种比赛方式进行；并在报名表或比赛指南中予以注明所选定的比赛方式。

3.7.4.4 单项比赛一般应采用淘汰制进行，但团体赛和单项预选赛可以按淘汰制或分组循环制进行。

3.7.5 分组循环赛

3.7.5.1 在分组循环赛中，小组里每一成员应与组内所有其他成员进行比赛；胜一场得2分，输一场得1分，未出场比赛或未完成比赛输的场次得0分，小组名次应根据所获得的场次分数决定。

3.7.5.2 如果小组的两个或更多的成员得分数相同，他们有关的名次应按他们相互之间比赛的成绩决定。首先计算他们之间获得的场次分数，再根据需要计算个人比赛场次（团体赛时）、局和分的胜负比率，直至算出名次为止。

3.7.5.3　如果在任何阶段已经决定出一个或更多小组成员的名次后，而其他小组成员仍然得分相同，为决定相同分数成员的名次，根据3.7.5.1和3.7.5.2条程序继续计算时，应将已决定出名次的小组成员的比赛成绩删除。

3.7.5.4　如果按照3.7.5.1—3条所规定的程序，仍不能决定某些队（人）的名次时，这些队（人）的名次将由抽签来决定。

3.7.5.5　在世界、奥运会及国际公开赛的预选赛阶段，运动员应根据当时他们的世界排名相应的抽签进入小组中的位置。要尽可能的将同一协会的运动员分别进入不同的小组。

3.7.5.6　除非经仲裁许可，如果小组预选将选出一人或一队，该小组的最后一场比赛应在小组排列第一或第二位的选手或队之间进行；如果小组预选将选出两人或两队，该小组的最后一场比赛应该在小组排列第二和第三位的运动员或队之间进行，并依次类推。

……

国际乒乓球联合会

国际乒乓球联合会（International Table Tennis Federation，ITTF）简称国际乒联，1926年成立于柏林。现有186个协会会员，分属国际乒联承认的欧洲乒联、亚洲乒联、非洲乒联和南美洲乒联。

国际乒联是国际单项体育联合会总会成员。1988年，乒乓球被列为奥运会比赛项目，设男、女单打和男、女双打4个小项。

国际乒联对工作用语没有硬性规定，而是根据完成不同任务的方便程度由理事会临时决定。所有成员的语言均为平等的正式语言，代表们可以在会上使用自己的语言，只要能翻译成理事会为该次会议确定的工作用语即可，使用的主要语种为英、德、俄、西、阿拉伯语。

国际乒联的任务是坚持国际乒联的原则，在协会会员间和运动员间发展友谊精神和相互了解，协调组织间的关系，寻求乒乓球水平的持续发展和在全世界普及率的提高，培养友好竞争，消除使用兴奋剂等不道德行为，提出符合奥运会资格的要求制订规则并在国际比赛中实施，出版英文章程和规则，鼓励其他语种版本的出版，并检查其正确程度；促进并监督世界级比赛，按照国际乒乓球运动的利益使用联合会的资金。

代表大会是国际乒联最高权力机构，每两年召开一次。正式会员可派两名代表出席，有 2 票表决权；临时会员为 1 名代表，1 票表决权。

代表大会闭幕期间，一切工作均由理事会负责处理。理事会由主席、代理主席、财务执行副主席、其他 3 名执行副主席和 6 名洲乒联副主席共 12 人组成。

执委会由主席、代理主席和 4 名执行副主席组成，处理紧急问题，并向国际乒联理事会报告。由理事会任命的秘书长负责秘书处的工作。

国际乒联设有由乒联主席、副主席和奥运会举办国乒协主席组成的奥林匹克委员会，负责奥运会乒乓球赛。

该联合会设有下列专门委员会设备委员会、医务委员会、排名委员会、规则委员会、运动科学委员会、议事规则委员会、技术委员会和营销委员会等。

国际乒联的主要赛事除奥运会乒乓球赛、世界锦标赛外，近年来有较大发展，出现了世界巡回赛、世界俱乐部锦标赛（取代 1995 开始的原世界团体杯）、男子世界杯（1995 年始）、女子世界杯（1996 年始）、职业巡回大奖赛（1996 年始）等。

重要赛事

世界乒乓球锦标赛

1926 年 1 月，在柏林举行了一次国际乒乓球邀请赛。1 月 5 日在德国举行了如何开展乒乓球运动的座谈会。会上决定成立临时国际乒联，并确定当年 12 月在伦敦召开第一次全体代表大会和举办第一届欧洲乒乓球锦标赛。

1926 年 12 月 12 日，在蒙塔古先生母亲书房里，国际乒联宣告正式成立。蒙塔古当选为国际乒联主席。欧洲锦标赛与此同时进行，参加的国家有英国、匈牙利、德国、奥地利、瑞典、威尔士、印度、捷克斯洛伐克、丹麦九个国家。

由于印度是亚洲国家，故印度代表对欧洲锦标赛的名称提出了异议。经过讨论，国际乒联决

圣勃莱德杯

定将此届比赛改名为世界乒乓球锦标赛。

80 多年来，国际乒联已拥有 186 个会员（国家和地区），成为世界上较大的单项体育组织。世锦赛共设 7 个正式奖杯。它们是：

斯韦思林杯（男子团体赛奖杯）

这个银杯是前国际乒联名誉主席、英国的斯韦思林夫人（即蒙塔古的母亲）在第一届世锦赛时赠送的。当时的东道主英国队，自认稳拿此杯，不料，竟以 2∶7 负于匈牙利队，眼睁睁地看着匈牙利首捧此杯。

马塞尔·考比伦杯（女子团体赛奖杯）

此奖杯是在 1934 年第八届世锦赛时，由当时的法国乒协主席马塞尔·考比伦先生捐赠的，第一次参加争夺此杯的只有 6 个女队，比赛结果，德国女队获得冠军。

圣·勃莱德杯（男子单打奖杯）

此奖杯是由原英格兰主席伍德科先生捐赠，以伦敦圣·勃莱德乒乓

球俱乐部的名称命名。

伊朗杯（男子双打奖杯）

此奖杯是由前伊朗国王捐赠，故以伊朗的国名命名。

吉·盖斯特杯（女子单打奖杯）

此奖杯是由吉·盖斯特先生捐赠，故以他的名字命名。

兹·赫杜塞克杯（混合双打奖杯）

此奖杯是由原捷克斯洛伐克乒协秘书兹·赫杜塞克先生捐赠，故以他的名字命名。

波普杯（女子双打奖杯）

此奖杯是由前国际乒联名誉秘书波普先生捐赠，故以他的名字命名，第二届世锦赛开始采用。

朱比列杯（元老赛奖杯）

在1948年第十五届世锦赛上，举行了首次元老杯赛，英国的波斯丁是第一个获得这个奖杯的人，我国著名乒乓球教练傅其芳在第二十六届世锦赛时也曾获得元老杯冠军。

伊朗杯邮票

奥运会乒乓球项目

奥运会乒乓球赛为乒乓球国际比赛的主要赛事。在前国际乒联主席埃文斯的不断努力下，1981年在巴登由萨马兰奇主席主持召开的第八十四届国际奥委会全体委员会上，决定将乒乓球列入1988年奥运会正式比赛项目，设男子单打、女子单打、男子双打、女子双打4块金牌。

1988年，乒乓球第一次作为正式项目出现在第二十四届奥运会的赛场上。至今，在奥运会的赛场上已经连续进行了6届奥运会的乒乓球比赛。

奥运会乒乓球赛每隔4年举行一次，原设有4个比赛项目：男子单打、女子单打、男子双打、女子双打。

奥运会限定比赛的总人数。由于国际奥委会当时的政策是尽可能减少团体项目和人数，国际乒联刚加入奥运会，必须接受这种限制。而且，那时国际奥委会对单项运动的团体项目不感兴趣，所以国际乒联同奥委会达成的第一个协议是只能派64名男运动员和32名女运动员参加奥运会男、女单打比赛。

波普杯

后与奥委会负责人再次商议，增加了男、女双打比赛项目。当时，国际奥委会给乒乓球运动员参加奥运会的配额人数为192人。最后进军1988年汉城奥运会乒乓球比赛各项目选手数量是：男子单打64名，女子单打48名，男子双打32对，女子双打16对。

由于在几届奥运会上，有不少运动员参加单打兼双打项目，使参赛的运动员人数未能达到奥运会的配额，导致被国际奥委会减员。目前的配额是172人。从2000年悉尼奥运会开始，国际乒联在不影响单打参赛项目的人数完整的同时，增加了双打的对数，达到了172人的奥运会参赛配额人数。

一直以来，国际乒联采取了种种方法争取增加奥运会乒乓球比赛的项目与人数。然而，由于受国际奥林匹克委员会"奥运会瘦身"计划的影响，暂时还不能实现这个愿望。

另外，国际乒联不希望在奥运会的决赛中出现一个国家选手相对垒的局面（五届20项的决赛中，有11项是同一个国家的选手相对垒）。所以，在雅典奥运会举办期间，国际乒联官员们与各方进行了广泛的交流，为了增加比赛的精彩程度，国际乒联提出以团体取代双打，而国际奥委会只提出了一条要求，即严格按照罗格主席"奥运会瘦身"计划办事，不能增加比赛人数，否则该提议将不会获得通过。因此，国际乒联精心制订了"团体入奥"的计划，提出了多种比赛模式，希望能有12—16支球队参加。

2004年雅典奥运会期间，国际乒联主席沙拉拉宣布，他已经同国际奥委会主席罗格以及众执委们进行过会晤，大家一致同意在不增加参赛人数的情况下，在2008年奥运会上以团体比赛取代双打比赛。该项提议在2005年10月27日国际奥委会在新加坡的会议上获得了批准。

2008年北京奥运会期间，乒乓球双打比赛被团体赛取代。男女各16支队伍分为4个小组进行单循环赛，每组第一名进入半决赛和决赛，产生冠亚军。每组第二名交叉淘汰赛产生两个胜队与半决赛输掉的两个队进行半决赛和决赛，产生铜牌。

团体赛每队报3人，第1、2、4、5场为单打，第3场为双打。各队可以根据前两场单打的情况临时决定第三场双打的配对，但每队只能由三名选手参赛，每人最多出场两次。双打必须由此前没有参加单打的那名选手和另外一位选手组对。后两盘也为单打，此前已经完成了两盘比赛的选手不得再上场，并且此前交手的选手不再对垒。

单打比赛为淘汰赛加铜牌附加赛。如果团体赛的名额用不完再分配给单打，使男女单打人数超过64人，将增加一轮预选赛。

残奥会乒乓球项目

乒乓球残疾人比赛在比赛的类型上有站立和轮椅两大种类；在比赛的形式上有单打和双打；在比赛的项目上有团体和单项。

乒乓球项目自1960年成为残奥会赛事的一部分以来，比赛按运动员残疾程度和功能进行级别划分，规则和比赛形式进行了多次修改和完善。比赛项目的设置最初是男、女单打和男、女双打四个项目；1972年增设了男、女团体；1976年取消了男、女双打；1984年增设了公开级。

残疾人乒乓球的发展

在第二次世界大战中有大批男女军人和平民受伤并因此导致了肢体残疾。战后，肢体残疾人体育的概念被引入并得到实施。人们开始研究，试图找到新方法以尽可能减小肢体残疾人行动不便所带来的后果。

此类研究重提体育运动，为体育成为残疾人治疗和康复的途径之一提供了全新的和巨大的可能性。

1944年，应英国政府的要求，路德维格·格特曼博士在斯托克·曼德维尔医院开办了一个脊髓损伤康复中心，以一种新的方式把体育作为一个主要部分引入残疾人整体康复治疗计划。残疾人康复性运动很快就演进为休闲运动，随后在几年之内又成为了竞技性运动。

在1948年7月28日伦敦奥运会开幕式的当天，路德维格·格特曼博士在英国斯托克·曼得韦尔组织了一次由二战中脊髓损伤退伍军人参与的、专为坐轮椅的残疾运动员组织的斯托克·曼德维尔体育竞赛也成功开幕了。

4年后的1952年，来自荷兰的退役老兵作为竞赛者也参与了此项比赛。一项国际赛事从此诞生，并成立了国际斯托克·曼德维尔运动会委员会。

1960年，为残疾运动员举办的有23个国家和地区400名残疾选手参加的奥运会首次在罗马举行，现在被称为残奥会。在首届残奥会上，乒乓球就被纳入了比赛项目，这比1988年汉城奥运会才开始被列入的夏季奥运会的乒乓球比赛要早很多年。

当时残奥会的乒乓球选手残疾类别只设脊髓损伤一种，后来逐渐增设了其它类别。

自残奥会创始之日起，此项运动获得了极大的发展。参加夏季残奥会的运动员由1960年罗马残奥会的23个国家和地区的400名增加到2004年雅典残奥会136国家和地区的4000多名。随着残奥会的发展，残疾人乒乓球运动也得到了极大地发展。

PART 11 礼仪规范

参赛礼仪

运动员精神，是运动场上最重要的概念，无论胜利还是失败，都要保持良好的风度，不要抱怨自己或者别人的表现，尤其是搭档，切记"友谊第一，比赛第二"。要遵守各项比赛的规则以及比赛礼仪，并且热情地与同场竞技的其他人打招呼。

比赛结束以后要恭贺对方的优异表现，也要尊重别人的权益。

保持良好心态

比赛会分出胜负，但是不要把对手当作敌人。对方胜利，要真心道贺。自己胜利，对手道贺时应该答谢。

赛前赛后务必要记得互相致礼，通常为握手礼。

尊重裁判判罚

遵重裁判的执法，对裁判的异议提出合理的质疑，不得做无礼的表示。正式比赛的裁判均经过严格筛选，所有参赛者与观众均应尊重赛程与规则，不应在赛场内争执。比赛结束后主动与裁判握手表示感谢。

尊守参赛规则

男运动员着装为短袖短裤，女运动员为短袖短裤，可以着短裙。比赛时不得以小动作干扰对方，更不可以陷害的方式暗算对方，更不得与人发生争吵甚至打架的行为。没有比赛的运动员不得进入比赛场地。

正确应对喝彩

比赛时如果观众喝倒彩，不宜有厌恶或不友善的表示，应该全心参赛。面对观众的支持应该表示感谢。运动员在比赛中应该保持冷静，不要受到外界因素的干扰。

队友相互支持

队友间应该相互支持，相互团结，切忌跋扈或者耍大牌。遇有争执切忌动粗互殴，应该礼让尊重有经验的长者。比赛的成功或失败都是集体的荣誉，团体的利益高于自己。

服从教练指挥

比赛时球员应服从教练的指导，资深的明星球员不可倚仗自己的能力而藐视教练。对于球场上的管理制度，所有球员都要以理性的态度与教练组沟通。对教练的质疑应通过正规渠道向上级反映。

国际乒联对比赛纪律的规定（节选）

……

3.5　纪律

3.5.1　场外指导

3.5.1.1　团体比赛，运动员可接受任何人的场外指导。

3.5.1.2　单项比赛，一名或一对运动员只能接受一个人的场外指导，而这个指导者的身份应在该场比赛前向裁判员说明；如果一对双打运动员来自不同协会，则可分别授权一名指导者；但应视这两名指导者为一体。如未被授权的人进行指导，裁判员应出示红牌令其远离赛区。

3.5.1.3 在局与局之间的休息时间或经批准的中断时间内，运动员可接受场外指导，但在赛前练习结束后到比赛开始前不能接受场外指导。如被授权的指导者在其它时间内进行指导，裁判员应出示黄牌进行警告；如在警告后再次违犯，将被驱除出赛区。

3.5.1.4 在一个团体赛或单项比赛中的一场比赛，指导者已被警告过。如任何人再进行非法指导，裁判员将出示红牌，并将其驱除出赛区，不论其是否曾被警告过。

3.5.1.5 在团体比赛中被驱除出赛区的指导者不允许在团体比赛结束前返回，除非需要他上场比赛，整场团体比赛中不允许任何人代替他做指导者。在单项比赛中，被驱除出赛区的指导者不允许在该场单项比赛结束前返回。

3.5.1.6 如被驱除出赛区的指导者拒绝离开或在比赛结束前返回，裁判员应中断比赛，立即向裁判长报告。

3.5.1.7 以上规定只限制对比赛的指导，并不限制运动员或队长就裁判员的决定提出正式申诉，或阻止运动员与所属协会的代表或翻译就某项判决的解释进行商议。

3.5.2 不良行为

3.5.2.1 运动员和教练员或其他指导者应该克服那些可能不公平地影响对手、冒犯观众或影响本项运动声誉的不良行为，诸如辱骂性语言，故意破坏比赛用球或将球打出赛区，踢球台或挡板和不尊重比赛官员等。

3.5.2.2 任何时候，运动员和教练员或其他指导者出现严重冒犯行为，裁判员应该中断比赛，立即报告裁判长，如果冒犯行为不太严重，第一次裁判员可出示黄牌，警告冒犯者，如果再次冒犯将被判罚。

3.5.2.3 除3.5.2.2和3.5.2.5条规定外，运动员在受到警告后，在同一场单项比赛或团体比赛中，第二次冒犯，裁判员应判对方得1分，再犯，判对方得2分，每次判罚，应同时出示黄牌和红牌。

3.5.2.4 在同一场单项比赛或团体比赛中，运动员在被判罚3分后继续有不良行为，裁判员应中断比赛，并立即报告裁判长。

3.5.2.5　在一场比赛中，如果运动员更换了没有损坏的球拍，裁判员应停止比赛，向裁判长报告。

3.5.2.6　双打配对中的任何一名运动员所受到的警告或判罚，应视作是该对双打运动员的，但未受警告运动员在同一场团体比赛随后的单项比赛中不受影响；双打比赛开始时，配对运动员中任何一名在同一场团体比赛中已经受到的最严重的警告或判罚应视作是该对双打运动员的。

3.5.2.7　除3.5.2.2条规定外，教练员在受到警告后，在同一场单项比赛或团体比赛中再次冒犯，裁判员应出示红牌并将其驱逐出赛区，直到该场团体比赛或单项赛中的该场单项比赛结束才可返回。

3.5.2.8　无论是否得到裁判员的报告，裁判长有权取消有严重不公平或冒犯行为运动员的比赛资格，包括取消一场比赛、一项比赛或整个比赛的比赛资格。当他采取行动时应出示红牌。

3.5.2.9　如果一名运动员在团体（或单项）比赛中有两场被取消了比赛资格，就自动取消了其参加团体（或单项）比赛的资格。

3.5.2.10　裁判长有权取消已经两次被驱逐出赛区的任何人在本次竞赛剩余时间里的临场资格。

3.5.2.11　非常严重不良行为的事例应报告冒犯者所属协会。
……

观赛礼仪

乒乓球运动是一项技术很精细的运动。比赛过程中，运动员处于一种高度集中的状态，必须仔细观察对手，迅速判断来球的旋转、速度、力量、落点及节奏，以决定自己回球的战术手段，这就需要一个良好的赛场环境。因此，每一观参赛者都应该遵守相关规定，表现良好的观赛礼仪：

第一，观众进出场地要有序，一般要提前到达场地，到场后需要按号入座，坐在自己的位置上等待运动员和裁判员入场。玻璃瓶、易拉罐饮料不允许带进赛场，只能带软包装饮料进入球场，垃圾要用方便袋或者纸袋自行带出。

第二，观看比赛时，从运动员准备发球开始到这个球成为死球的这一段时间内，整个赛场要保持安静，不要鼓掌、踩地板、大声讲话、呐喊助威、随意走动、展示旗帜和标语等。

第三，禁止闪光灯拍照。闪光灯对运动员比赛的影响很大，因为乒乓球运动速度很快，球拍和球的碰撞是在瞬间完成的，闪光灯会影响运动员视觉，使运动员无法判断来球的质量，从而影响到回球的质量和命中率。

第四，呐喊助威时要含蓄一些，不要使用锣鼓和喇叭等其它比赛啦啦队常用器材，因为过大的声音、过激的语言会影响到运动员的心情和注意力。

第五，喝彩的时间：

（1）在选手出场和介绍选手时。

（2）赛场上精彩时刻的一刹那。

（3）选手完成自己的表演后。

（4）在选手克服困难，努力坚持比赛时。

第六，要对运动员的失误给予理解和鼓励，不要抱怨，说脏话；当对方运动员出现失误时，不要喝倒彩。

第七，尊重裁判的判罚，不得起哄扰乱赛场秩序。

第八，场馆内禁止吸烟，比赛时不要到处走动，手机关闭或调整到振动、静音状态。

第九，比赛中，若要提前退场，在不打扰他人的情况下，悄悄离开。

比赛结束时，向双方运动员鼓掌致意。退场时，按座位顺序，向最近的出口缓行，并主动将饮料瓶、果皮果核、报纸等杂物带出场外。

第十，观看残疾人比赛礼仪：

（1）对残疾运动员的称谓应礼貌规范。不能使用"残废人"、"哑巴"、"瞎子"、"瘸子"、"傻子"、"瘫子"等带有侮辱、歧视色彩的贬称。

（2）尽量淡化其残疾色彩。与残疾运动员交谈，不要紧盯残疾部位，不要询问致残原因。

（3）向残疾运动员表示祝贺要注意方式，避免使其难堪。

残疾运动员在赛场上拼搏

第十一，啦啦队在比赛时的礼仪要求：

（1）听从集体指挥，遵守赛场秩序，维护本国形象。

（2）使用的口号和呼喊的内容要健康，不要有污言秽语，不要恶语伤人；

（3）要尊重裁判，理智对待比赛结果；

（4）要掌握时机，适时助威喝彩，在运动员集中精力的时候，如发球、罚球和完成高难度动作之前，不要欢呼喝彩。

怎样欣赏比赛

体育欣赏的特征为体育欣赏的无功利性、直觉性、创造性、愉悦性、趣味性。体育欣赏的过程是应目、会心、畅神、回味四个过程，人们无论是在观赏一场紧张激烈的体育比赛或欣赏一段优雅动人的体育表演，要使自己以喜悦的心情领会其中，达到陶冶情操，获得美的享受，除应了解体育比赛竞赛规程外，还应了解体育的特点和竞赛项目的一些基本知识，这对能否达到欣赏目的至关重要。

了解比赛的特点

竞争性

包括乒乓球比赛在内的体育比赛之所以吸引人，与其他表演最大的区别在于它的竞争性，最终要以输赢定胜负。攻防转换，胜负交替，加之许多项目比赛的对抗性，使竞争达到白热化，气氛格外激烈。

技艺性

任何体育项目都由一定技术和艺术构成，并有统一的规范，乒乓球运动也不例外。运动员高超的技艺，是观赏的核心所在。并且，相同的技术由不同的运动员完成，在观赏中可进行比较，欣赏的价值也往往体现于此。

规范性

乒乓球比赛采用统一的规则，严格的制度，可以客观地反映参赛水平，并给运动员提供公平竞争的机会，体现了体育的精神。

多样性

乒乓球比赛项目丰富多彩，或动、或静，或激烈、或典雅，可谓雅俗共赏。

变化性

乒乓球运动虽有规范的技术和统一的规则，但在比赛中，运动员可在规定的范围内进行创造与编排，充分发挥自身水平，还需要根据场上变化灵活运用，使比赛千变万化，迭彩纷呈，扣人心弦。

了解比赛的规则

竞赛规则是规范比赛的规则。观赏任何比赛，了解规则是起码的要求，否则就真的成了"外行看热闹"了，无法公正评价比赛而导致兴趣索然。

了解技术、战术

所有的体育项目都是由一定的技术动作组成的，比赛的精彩与否，很大程度上取决于运动员对技术的掌握程度。而战术则是采取合理的行动，充分发挥己方优势，限制对方特长，以求取胜的竞争艺术，尤其是乒乓球运动项目，高超的技术，灵活的战术，给人以天衣无缝、出神入化的感觉。所以，了解基本技、战术，就可以不仅"看热闹"，还能

"看门道"了。

欣赏内容

在欣赏时所得到的满足感，主要来自被欣赏对象给予我们的美感。在乒乓球运动欣赏中，主要有哪些美的地方呢？

身体美

乒乓球运动是需要身体运动完成的，运动员健美的身躯、优美的姿态常常能吸引人们羡慕的眼光。正如法国著名雕塑艺术大师罗丹所说："自然界中没有任何东西比人体更美。"体育运动使人体美得到淋漓尽致的展现，这种自然的美具有无穷的魅力。

技术美

乒乓球运动技术是科学的结晶，也是取胜的关键，更是该项运动的精华所在。试看邓亚萍在乒乓球场上得心应手连连夺冠，让全世界的人为之倾倒，并使人回味无穷。

精神美

面对强手，敢于拼搏，敢于斗争，对自己永不满足，不断超越自己，向人类的极限挑战，运动员之间相互协助，公平竞争，这些运动场上所展现的精神已不仅仅属于体育，同样也是我们在学习、工作、生活中应具备的。

当我们看到运动员奋力拼搏、夺取胜利的一刻，升国旗，奏国歌，其意义又何止一块金牌、一个奖杯。

乒乓球运动的欣赏意义

随着社会的进步和新闻传播媒介的迅速发展，同亲身参与体育活动一样，一种被称之为信息消费型的体育——观赏体育，也日益成为人们生活中的重要组成部分。特别在职业体育发达的国家中，体育的观赏不但丰富了人们的生活，而且对体育的了解和爱好还成为一个人接受教育水平的标志，并为扩大交际甚至商业活动打开通道。

观赏体育可分为直接观赏和间接观赏。直接观赏指去体育场馆观看比赛，而间接观赏则指通过电视直播观看体育比赛。

至于人为什么要观赏体育，观赏体育和亲身的体育实践之间有何内在联系，这是体育学家、心理学家和社会学家们正在研究的问题。有人认为，观赏体育在于期望把个人的想象、道德观念通过体育具体化，或者说是以运动员为自己的代理人来满足自己精神上的某种欲求。

人们在观赏体育时的情绪有如下特点：第一，当对比赛结果有明显的倾向性和强烈的期待感时，观赏时情绪高涨。如中国女排在奥运会参与决赛就远比其他两个国家之间的比赛吸引人。

第二，当比赛结果有很强的不定性时就会情绪高涨。

第三，当观赏者对所观赏的项目有一定了解和爱好时，就会情绪高涨并能从中获得更大的启示。俗话说"内行看门道，外行看热闹"就是这个道理。

第四，比赛的场地、气氛、色彩、周围人的情绪，也会感染观赏者的情绪。观赏体育虽说是一种娱乐活动，但也需要观赏者有正确的态度、文明的举止和对体育的基本知识。如果一味地放纵自己的情绪，也会出现观赏体育中的糟粕，如歇斯底里、暴力和狭隘的民族主义或地区主义思潮等。

那么，欣赏乒乓球运动，或者说欣赏一切体育运动项目到底有什么意义呢？

美化生活、陶冶情操

当代人把观赏运动竞赛作为社会文化生活中一个很重要的内容。运动竞赛的魅力已达到了迷人的程度，吸引着亿万人去关心它、观赏它。譬如在德国，教会的社会地位非同一般。可是，如今教会不得不向全国足联提出抗议，因为大批教民在节假日不去教堂顶礼膜拜，而是兴高采烈地涌向足球场去观赏足球比赛，干扰了教会的正常活动。

为什么会出现这种现象呢？因为在现实生活中，人们追求的是完美的、高节奏的生活，而运动竞赛恰恰适应和迎合了现代人生活的要求和愿望。在运动竞赛中，可以呈现出完整的人体美和各种美的形式，以满足人们对美的追求；通过速度、力量和激烈的竞争，使现代人的心理得以宣泄。

通过运动竞赛，观众不仅可以观赏到运动员健康、强壮、匀称、优美的体魄，而且可以观赏到运动员所展现出来的动作造型是那样利落、新颖、洒脱，给人以愉悦的美的享受。特别是在紧张激烈的球类竞赛中，一些著名运动员所表现出的高超绝技，更使人心旷神怡。奇迹般的技术动作，会使观众惊奇万分，产生百看不厌的浓厚兴趣。

振奋民族精神

观赏运动竞赛，可以强化集体观念，激发爱国热情，振奋民族精神。任何一项运动竞赛都是通过个人或集体，发挥其体格、体能、智慧等方面的潜力而进行的角逐。各式各样的运动竞赛，其参赛者都具有一定的社会群体的代表性。

运动员在赛场上，一要实现自我的价值，二要为所代表的群体争取荣誉。观赏者往往与运动员有着千丝万缕的社会关系，不是同一学校或单位，就是同一地区、民族或国家。因此，运动竞赛的成败、胜负荣辱都与观赏者有着息息相关的联系。

在一些重大的国际赛事上，我们常常看到，要是参赛队与本民族、本国的关系密切，其竞赛级别越高，场次越关键，观众的心理越受胜负的牵制，情感就越发激昂。特别是当本民族或本国运动员获胜，升国旗，奏国歌时，观众会同运动员一样情不自禁地热泪盈眶，激动不已，把本国运动员的胜利视为是自己民族和国家的莫大荣耀，从而产生强烈的民族自豪感。

启迪和激励体育意识

体育意识是人们对于体育这一社会现象及其功能、作用的认识和反映。运动竞赛能启迪和激励人们获得健康、诚实、创新、拼搏、道德、法制和竞争等体育意识。

健康意识

举办运动竞赛的一个主要目的是提高大众对体育运动的认识，激励大众积极参加体育活动，以提高全民族的体质和身体健康水平。有相当一部分人过去并不注意锻炼身体，但通过观赏自己喜爱的运动项目的比赛或表演，从而产生对体育活动的兴趣，积极参加体育锻炼。

诚实意识

运动员要想在比赛中获胜，只有靠自身的高超技术、战术和良好的运动能力，有"货真价实"的真本领，来不得半点虚假，所以有"赛场上开不了后门"、"横杆面前人人平等"的说法。

当一个运动员通过刻苦训练获得了冠军时，人们就会承认他，绝不会因为人际关系而影响他的冠军地位。这种诚实的体育意识，对于每个人的健康成长是很重要的，尤其是对学生来说，在攀登科学的道路上，更需要这种精神。

创新意识

一个运动员或者运动队要在赛场上战胜对手，除了要靠真正的硬功夫外，还要根据自身的特点，不断地改进和创造新技术、新战术。创新意识，可以促进一切事业不断向前发展。

拼搏意识

赛场上运动员表现出高超的技艺、灵活多变的战术和充沛的体力，都是运动员经受了巨大运动量训练，战胜了身体上和精神上的疲劳而努力拼搏的结果。

道德意识

一般是指社会生活中处理人与人、个人与集体以及社会中各种关系的规范和准则。在赛场上，胜不骄，败不馁，互相尊重，团结协作，文明礼貌，守纪律，光明正大等良好的道德规范，将成为观众学习的榜样，从而影响整个社会的风气。

法制意识

任何运动项目的比赛，要求运动员严格遵守竞赛规程和比赛规则，服从裁判员的裁决，否则就要受到应有的惩罚。法制意识，有利于社会安定，是事业发展的有力保证。

竞争意识

运动竞赛具有强烈的竞争性。双方对垒，毫不含糊，胜负立见分晓。所以有人把运动竞赛看成是随"人类文化的进步而发展起来的一种特殊的、礼仪化的战争"。用"战争"来比喻运动竞赛虽然是不确切的，但它说明了赛场上角逐的特点。这种竞争意识对于当今社会中每一个人来说，都是一种必备的素质。

PART 12 明星花絮

伊沃·蒙塔古

　　1905 年，伊沃·蒙塔古出生于英国的一个贵族之家，17 岁即担任英格兰乒协主席。1926 年 2 月 12 日，在他父母的书房里召开的第一届国际乒联大会上，年 22 岁的蒙塔古被推选担任国际乒联主席，直至1967 年退休。退休时被一致推举为国际乒联终身名誉主席。

　　蒙塔古担任主席的国际乒联特别强调，开展乒乓球运动的目的是增进友谊，提高球艺。因而它的规定不同于世界其他体育组织，如会员只代表乒协，不代表国家，发奖时不升国旗，不奏国歌；运动员无职业和业余之分。这些规定避免了其他国际体育组织所经常遇到的很多麻烦。40 年的时间，乒乓球从一个游戏发展成世界性的体育比赛，几乎遍及世界的各个角落，蒙塔古为此作出了巨大的贡献。

　　1952 年，蒙塔古首次访问中国，即邀请中国参加翌年举行的第二十届世界乒乓球锦标赛和加入国际乒联。当时，以美国为首的西方集团正对新中国疯狂实行政治、经济和文化封锁。国际乒联就是在这种背景下成为了世界上最早向中国敞开大门的国际组织。

　　中国乒协不久即加入了国际乒联。蒙塔古还积极支持中国举办了第二十六届世界乒乓球锦标赛，从此开创了乒乓球运动的新纪元。

　　蒙塔古非常主张创新，在欧洲国家极力反对日本使用海绵拍甚至以退出国际乒联相要挟时，蒙塔古力排众议，提出海绵拍的几大优点，保护了这一新生事物。中国选手在二十八届世锦赛上曾使用几种新的发球方法，遭到一些欧洲国家抗议并以罢赛相威胁。蒙塔古作为该届比赛仲裁委员会主席，从规则出发力证中国运动员发球的合法性。

蒙塔古还是世界和平理事会常委，曾获"加强国际和平"列宁国际金奖。他热心于世界和平，还酷爱乒乓球运动。由于过于专注事业，生活中不免粗心，经常闹一些笑话。就在他结婚快到教堂时，却发现忘带了结婚戒指，只好临时向朋友借了一个带上。

蒙塔古非常热爱中国，喜爱善良纯朴的中国人民；平时还特别爱吃中国食品，居然可消受地道的中国臭豆腐。

1984 年 11 月，这位国际乒联的创始人辞世而去。他的胸怀，他的境界，他的人格，他对乒乓球运动的贡献将永远光照史册。

徐寅生

徐寅生，祖籍江苏苏州，1938 年 5 月 12 日生于上海。兄弟姐妹八人，他最小。少时迷上乒乓球，1955 年在上海光大中学时进入上海学生队，一年后进入上海市队。1959 年成为国家乒乓球集训队选手。

徐寅生擅长直拍快攻打法，技术全面，战术灵活，球路变化多。素有乒坛"智多星"之称。四次参加世界乒乓球锦标赛。1961 年在第二十六届世界乒乓球锦标赛上，获男子单打第三名，并是获得男子团体冠军的中国队的主力队员之一。在该届锦标赛上，他连扣日本名将星野12 大板，至今仍传为佳话。

1963 年在第二十七届世界乒乓球锦标赛上，获男子双打亚军（与庄则栋合作），并是获得男子团体冠军的中国队的主力队员之一。1965年在第二十八届世界乒乓球锦标赛上，获男子双打冠军（与庄则栋合作），并是获得男子团体冠军的中国队的主力队员之一。

1975 年当选为第四届全国人民代表大会代表。1975 年当选为国际乒乓球联合会亚洲副主席兼议事通则委员会委员。1977 年被任命为国家体委副主任。1979 年任中国乒乓球协会主席。

中国乒坛元老徐寅生

徐寅生不仅是中国和世界乒坛著名的运动员和教练员，而且是乒乓球技术不断创新和卓有远见的开拓者。60 年代发表的《关于如何打乒乓球》一文，经毛泽东主席批示后，在全国体育界及各行各业兴起学习辨证法的高潮，至今仍是中国乒乓球队长盛不衰的思想理论武器。

1995 年担任国际乒联第五任主席以来，首先建立了国际乒联新的运作形式，在北京设立主席办公室。将原来英国国际乒联总部改为行政中心，进行全方位的操作，把 170 多个乒乓球会员国紧密团结在一起，更好地推动乒乓球事业的发展，使乒乓球运动更富有生机和活力。

同时他以各种职业比赛为杠杆，最大限度地提高乒乓球运动的经济价值，在他的倡导下，除世锦赛、奥运乒乓赛、世界杯赛外，还有职业巡回赛、世界明星巡回赛、世界杯团体赛等高水平比赛，使国际乒坛在国际体育市场上扩大了窗口。

2000 年，他将 40 毫米大球正式接纳为国际乒联的比赛用球。这一改革将使乒乓球运动更受人们喜爱。

1999 年 8 月，徐寅生高风亮节，不再谋求连任，主动让贤，受到国际乒联全体执委的推崇和爱戴。目前，他担任国际乒联顾问委员会主任。

容国团

容国团，广东省运动员，1937 年出生。他是中国第一位获得乒乓球世界冠军称号的运动员，童年是在香港度过的。1958 年，容国团毅然回到祖国的怀抱，到广州体育学院学习。这年他获得全国乒乓球锦标赛单打冠军，并立志要在 1961 年成为世界冠军。

他直拍快攻打法，球路广，变化多，尤精于发球，推、拉、削、搓和正反手攻球技术均佳。较好地继承和发展了中国传统的左推右攻打法，并创造了发转与不转球，搓转与不转球的新技术。在比赛中，他运用战术灵活多变，独具特色。

中国乒乓球近台快攻的技术风格，就是在总结了他的技术经验之后，由原来的"快、准、狠"，发展为"快、准、狠、变"。

1959 年在第二十五届世界乒乓球锦标赛上，他先后战胜各国乒坛名将，为中国夺得了第一个乒乓球男子单打世界冠军。1961 年在第二十六届世界乒乓球锦标赛上，他为中国队第一次夺得男子团体冠军做出了重要贡献。

在二十六届世界乒乓球锦标赛男子团体决赛上，中国队在 3：4 的不利情况下，容国团淌下了眼泪。女队员丘钟惠见了就问他，他回答说已负了两局，随即激动地说："人生难得几回搏，此时不搏更待何时！"

他振奋精神，挥拍上阵，力挫索有"凶猛雄狮"之称的日本队员星野，以 5：3 战胜日本队而首次问鼎斯韦思林杯，为我国立下战功。从此"人生难得几回搏"这句名言便流传开了。

1964 年后他担任中国乒乓球女队教练，在他和其他教练员的指导下，中国女队在第二十八届世界乒乓球锦标赛上，获得了女子团体冠军。

1968 年，容国团因遭受诬陷，被扣上"特务嫌疑"等帽子，含冤自尽，年仅 31 岁，遗一女儿。1978 年，国家体委为容国团恢复名誉。1987 年在容国团的家乡珠海市建立一座容国团铜像。

刘国梁

刘国梁，河南新乡人，1976 年出生。6 岁开始打球，1991 年入选国家队，采用右手直拍，直拍横打打法。中国第一位世乒赛、世界杯和奥运会男单"大满贯"得主，多次获得男子单打冠军并和孔令辉一起获得男子双打冠军，与邬娜一起获得过混合双打冠军，作为主力队员多次与队友一起获得男子团体冠军，得到过乒乓球运动员所能拿到的所有冠军。

刘国梁以"直拍横打"新技术，完善和发展了传统直拍快攻打法，在 20 世纪 90 年代的世界大赛中表现了无比旺盛的生命力，使处于低落期的传统直拍近台快攻打法在世界乒坛又占据一席重要地位。

1991 年中国（成都）乒乓球国际公开赛中，刘国梁以 21 ∶ 8、21 ∶ 11 的悬殊比分战胜了蝉联世锦赛男团"三连冠"的世界第 1 号种子选手瓦尔德内尔，使中国男队以 3 ∶ 2 胜瑞典队获团体冠军。

第四十三届世锦赛男单进入争夺的第五局，刘国梁以 5 ∶ 10 落后于瓦尔德内尔。在这关键时刻，刘国梁掉转拍面，时而用反胶拍面发球，配合正胶拍面进攻；时而用正胶拍面发球，用反胶拍面对拉，并结合反手横打，使瓦尔德内尔难以捉摸而无法适应，终以 19 ∶ 21 落败。在第二十七届奥运会上，刘国梁与同伴孔令辉获男子双打亚军、男子单打季军。

2003 年，刘国梁正式退役，进入上海交通大学学习，随后担任中国乒乓球男队主教练。2008 年北京奥运会，2012 年伦敦奥运会，刘国梁带领中国男子乒乓球队蝉联男子单人、团体冠军。2013 年，正式担任中国乒乓球队总教练。

刘国梁战绩辉煌：1992 年亚洲杯男团、混双冠军，亚锦赛男团、混双冠军；

1993 年第四十二届世乒赛男团亚军、男双第三（与林志刚合作），中国公开赛男团冠军、男单第三，瑞典公开赛男双冠军（与林志刚）、男团冠军，芬兰公开赛男单冠军、男双冠军（与林志刚），亚洲杯男单第三，七运会男双冠军（与王涛）；

1994 年爱普生世界明星赛男单第三名，全国锦标赛男团、男双冠军（与林志刚）、混双第三（与乔云萍）、男团冠军，第十二届亚锦赛男双冠军（与林志刚）、男单亚军，第三届世界杯团体赛男团冠军，意大利公开赛男双亚军（与熊柯）；

1995 年中国明星赛男单亚军，第四十三届世乒赛男团冠军、男单亚军、男双第三名（与林志刚），中国大奖赛男双冠军（与王涛）、男单第三名，世界杯男单第三名，亚洲杯团体赛男团冠军；

1996 年中国乒协杯赛男双冠军（与孔令辉）、男单第三名，第二十六届奥运会男单冠军，男双（与孔令辉）冠军，第十七届世界杯男单冠军，亚锦赛男双冠军，男团、男单、混双亚军，中国公开赛男双冠军；

1997 年第四十四届世乒赛男团、混双冠军（与邬娜），男双冠军（与孔令辉），中国公开赛男双冠军（与孔令辉），巴西公开赛男单、男双冠军，南斯拉夫公开赛男单冠军，八运会男双冠军（与王涛），国际乒联总决赛男双冠军；

1998 年马来西亚公开赛男双冠军（与孔令辉），日本公开赛男单亚军，全国俱乐部甲级联赛男团冠军，澳大利亚公开赛男双冠军（与孔令辉）、男单四强，中国公开赛男单冠军、男双四强（与孔令辉），卡塔尔公开赛男双亚军，意大利公卅赛男单冠军，国际乒联总决赛男单亚军，第十三届亚运会男团冠军、男双冠军（与孔令辉）、男单亚军，第十四届亚锦赛男团、男双冠军（与马琳）、男单并列第三名，世界杯男单第四；

1999 年国际乒联巡回赛总决赛男单亚军，首届世界乒乓球俱乐部赛冠军，第四十五届世乒赛男单、男双冠军（与孔令辉），奥地利公开赛男单亚军、男双冠军，德国公开赛男单冠军；

2000 年第四十五届世乒赛团体赛男团亚军，第二十七届奥运会男单第三名，男双亚军，巴西公开赛男单、男双冠军，中国公开赛男单亚军，日本、美国公开赛男双冠军；

2001 年韩国公开赛男双冠军，第四十六届世乒赛男团冠军、男双亚军。

孔令辉

　　孔令辉 6 岁开始打球，1986 年进入省队，1988 年进国青队，1991 年入选国家队。历年来在国际乒联公布的世界男单排名前列，是世界杯、世锦赛和奥运会的大满贯冠军得主。

　　孔令辉是中国乒乓球界的一座里程碑。他拿到了中国历史上第一个横板进攻打法的男单冠军，和刘国梁一起开启中国男子乒坛"双子星时代"，总共夺得过 11 个世界冠军。

著名乒乓球运动员孔令辉

　　孔令辉横拍两面反胶弧圈结合快攻打法，基本功扎实，技术全面，打法稳健，心理素质好。打球的节奏感和控制球能力强，打法稳中带凶。1994 年获得亚洲乒乓球锦标赛单打冠军；1995 年获第四十三届世锦赛男子单打冠军；1995 年 11 月获世界杯单打冠军，1996 年第二十六届奥运会与刘国梁合作获男双冠军；1997 年第四十四届世锦赛男团冠军主力队员，与刘国梁合作获得第四十四届、第四十五届世锦赛男双冠军。在第二十七届悉尼奥运会上，他获得男子单打冠军、男子双打亚军。

　　孔令辉 2006 年正式宣布退役，任中国女子乒乓球队教练。2013 年正式担任中国女子乒乓球队总教练。

邓亚萍

　　邓亚萍，祖籍在湖南省邵阳市新宁县著名的崀山风景名胜区内，扶夷江畔的田村。邓亚萍在其运动生涯中，获得过 18 个世界冠军，是第一个蝉联奥运会乒乓球金牌的球手，曾获得 4 枚奥运金牌，被誉为乒坛里的"小个子巨人"。是夺取世界乒乓球冠军次数第三多的中国女子乒乓球队选手。

她 5 岁开始打球，1988 年 12 月入选国家队，右手横拍，快攻结合弧圈打法。身高仅 1.55 米的邓亚萍似乎不是打乒乓球的料，但她凭着苦练，以罕见的速度，无所畏惧的胆色和顽强拼搏的精神，13 岁就夺得全国冠军，15 岁时获亚洲冠军，16 岁时在世界锦标赛上成为女子团体和女子双打的双料冠军。

1992 年，19 岁的邓亚萍在巴塞罗那奥运会上又勇夺女子单打冠军，并与乔红合作获女子双打冠军。1993 年在瑞典举行的第四十二届世界乒乓球赛上与队员合作又夺得团体、双打两块金牌，成为名副其实的世界乒乓球坛皇后。

邓亚萍的出色成就，改变了世界乒乓球坛只在高个子中选拔运动员的传统观念。国际奥委会主席萨马兰奇也为邓亚萍的球风和球艺所倾倒，亲自为她颁奖，并邀请她到洛桑国际奥委会总部做客……

1997 年后，她先后到清华大学、诺丁汉大学和英国剑桥大学进修学习，并获得英语专业学士学位和中国当代研究专业的硕士学位；2002 年邓亚萍在国际奥委会道德委员会以及运动和环境委员会两个委员会担任职务；2003 年，邓亚萍成为北京奥组委市场开发部的一名工作人员。2009 年 4 月 16 日，就任共青团北京市委副书记。2010 年 9 月 26 日，邓亚萍任人民日报社副秘书长兼人民搜索网络股份公司总经理。

如今，邓亚萍已经和相恋多年的男友，前国家队男乒骁将，广东队的林志刚登记结婚。2006 年，邓亚萍生下一子，取名林瀚铭。并把新家安在了北京崇文区的龙潭湖附近。从少年相恋经历风风雨雨，再到牵手白头，如今的邓亚萍，可谓爱情事业双丰收。

运动生涯中，邓亚萍曾经获得过 18 个世界冠军，两届 4 个奥运会冠军，分别是：

1989 年：世乒赛女双冠军；

1990 年：世界杯团体赛冠军；

1991 年：世乒赛女单冠军，女团、女双亚军，世界杯团体赛冠军；

1992 年：世界杯双打赛冠军；

1993 世乒赛女双亚军、女团冠军；

1992 年第 25 届奥运会女单、女双冠军；

1995 年：世乒赛女单、女双、女团冠军，混双亚军，世界杯团体赛冠军；

1996 年：第 26 届奥运会女单、女双冠军

1996 年：国际乒联总决赛女单、女双冠军

1996 年：世界杯女单冠军；

1997 年：世乒赛女单、女双、女团冠军，混双亚军。

王楠

王楠，辽宁人，1978 年出生。1993 年进入国家队，左手横拍，弧圈结合快攻打法。王楠从小训练刻苦，练就一手有威慑的弧圈球，她意志品质坚强，性格比较内向，第四十四届世锦赛时，我国优秀选手邓亚萍宣布退役后，王楠便活跃在乒乓球场，顽强拼搏，战胜强手，为中国女队屡次卫冕，成为了世界上获得世界冠军最多的乒乓球女选手。

王楠的技术特点是：左手横握球拍，弧圈球结合快攻打法。她的心理素质好，情绪稳定，处理球恰到好处，善于调节击球的节奏。前三板突出，给对手致命一击，抢拉弧圈球旋转强，落点好，善于掌控比赛的节奏，快攻有章法。

2006 年不来梅世乒赛夺得女团冠军后，王楠以 19 个冠军头衔超越邓亚萍，成为中国夺得世界冠军最多的乒乓球选手。尽管在 2004 年之后就将一姐的王杖交给了更年轻的张怡宁，但是王楠在场上的霸气和定海神针的作用让她仍是中国女队不可或缺的大姐大。

如今，王楠获得的世界冠军已达到 24 个，分别是：

1993 年第七届全运会，打进女子单打前 8 名；

1994 年 11 月瑞典公开赛，女子单打冠军；

1995 年 6 月中国乒乓球大奖赛（汕头），女子单打冠军；

1996 年第十三届亚洲锦标赛女子双打冠军（与李菊）；

1997 年第四十四届曼彻斯特世界乒乓球锦标赛女团冠军；

1997 年 9 月世界杯女单冠军；

1998 年世界杯女单冠军；

1999 年第四十五届世乒赛女单、女双冠军（与李菊）；

2000 年第四十五届世乒赛女团冠军；

2000 年世界悉尼奥运会女单冠军、双打冠军（与李菊）；

2001 年第四十六届世锦赛女子团体赛、女单、女双（与李菊）冠军；

2003 年第四十七届世乒赛女单、女双（与张怡宁）、混双（与马琳）冠军；

2003 年中国香港女子世界杯女单冠军；

2004 年多哈第四十七届世乒赛女子团体冠军；

2004 年雅典奥运会女双冠军；

2005 年第四十八届上海世乒赛女双冠军（与张怡宁）；

2006 年第四十八届不来梅世乒赛女团冠军；

2007 年第四十九届萨格勒布世乒赛女双冠军（与张怡宁）；

2007 年世界杯女单冠军，女团冠军；

2008 年第四十九届广州世乒赛女团冠军；

2008 年北京奥运会女子乒乓球团体冠军（与张怡宁、郭跃）。

瓦尔德内尔

瓦尔德内尔是瑞典乒乓球运动员。他创造性地将直握拍发球手腕灵活的特点，利用发球时握拍手指的变化移植到横式握拍法上，被国际乒坛称之"瓦氏发球握法"，极大地推动欧洲运动员前三板球技术的

乒坛常青树瓦尔德内尔

提高。

他将中国近台快攻特点与欧洲中远台两面拉弧圈特点融为一体，重新优化组合各种技术，形成了当代世界乒坛全方位的攻防转化、攻守结合的新技术风格。

瓦尔德内尔是世界上第一位集奥运会、世乒赛、世界杯、欧锦赛冠军为一身的乒乓球大满贯。他在瑞典和中国都很受欢迎，被中国的观众亲切的称为"老瓦"；由于打球极具艺术性，又被称为"乒坛莫扎特"。

孙梅英

孙梅英，女子乒乓球运动员、教练员。曾在上海国际书店当职员，1952 年入国家乒乓球队。此后，历任国家乒乓球队教练、中国乒乓球协会副主席、第六届全国人大代表等职。

孙梅英使用直拍近台快攻打法，是 20 世纪五六十年代世界乒坛一颗闪耀的明星。从 1953 年起，参加世界锦标赛。1959 年第二十五届世界锦标赛时，她与丘钟惠配合，获女子双打复赛权。1960 年，匈牙利队来访，她又同丘钟惠合作赢了高基安和马特。

孙梅英是中国第一代乒乓球运动员，为开创我国女子乒乓球运动新局面作出了贡献。退役后，她担任中国乒乓球女队教练多年，培养出了张立、杨莹、曹燕华等一个又一个世界冠军。就在她退居二线、担任顾问之后，还倾注心血培养了何智丽，使其夺得第三十九届世界乒乓球锦标赛女子单打冠军。她的一生，浓缩着一部中国乒乓球运动发展史。

蔡振华

1970 年的一天，无锡市花园弄小学校园里水泥乒乓球台两旁，挤满了小球迷。其中有一个幼童紧盯着"占台为王"的高年级同学，非常羡慕。他就是 9 岁的二年级学生蔡振华。

小蔡三年级时，由于学习认真，成绩优异，工作认真负责，被同学选为班长。班主任看他学习好，又爱好体育，是棵好苗子，便和体育老师一起有意识地陪他练球。1972 年 5 月，在无锡市少年乒乓球比赛中，他就获得了男子单打第五名，于是被选送到了市业余体校。

很快，具有运动天赋的蔡振华就成了无锡市的少年冠军。1973 年 3 月，蔡振华被选送到南京体院，参加体工队的训练。当时，蔡振华在同龄的全国比赛中大约排在第四到第八名。对一个打球不到一年的孩子来说，这已经是很不错的成绩了。

蔡振华的打法和正常的打法不一样，他用左手打球，打法属于比较怪的那种。他介绍说："1973 年到 1976 年我一直打守球，后来教练考虑到我的性格比较急躁，1976 年时让我开始打攻球，刚改完那阵，训练用守，比赛用攻，由于时间、经验有限，水平一下子发挥不出来，但后来很快就上来了，赢了国家队很多人。"

但能赢很多人的过程却是很不简单的。在自己技术转型的过程中，蔡振华总是很玩命。教练每天中午都加班给他训练，蔡振华自己也很努力，经常晚上自己还跑到球馆去加练。

比赛中的蔡振华

这样玩命的结果是，他的球技提高很快，但是球鞋却一双接一双地磨破，是队里面磨破最多的，有时候来不及去城里买新鞋，他就只好向队友借鞋去训练。高强度的运动，也让蔡振华身上留下了很多伤，尤其是腰背部，最严重的时候，他连腰都直不起来，弯腰系鞋带都很困难。但是一到比赛，蔡振华就又变得生龙活虎，忍着痛也不能让大家看出来，当时大家给蔡振华起的绰号就是"猛张飞"。

1978 年时，国家青年队看中了 16 岁的蔡振华，但蔡振华一开始并不想去青年队，他认为自己要进就直接进一线队当主力，他有这个实力。不过后来有朋友劝他说，先去青年队见识见识，打好了不就自然可以进一队了吗？蔡振华于是欣然到国家青年队去报到。

1979 年，蔡振华就在全国运动会上拿到了混双冠军，他只在国家青年队待了半年就直接进了国家队。1979 年，在第三十五届世乒赛上，以梁戈亮、郭跃华为主的国家队主力阵容遭遇惨败，引发了国家队当时的大换血，这给了蔡振华他们这些年轻球员非常好的成长机会。

国家队把中兴的希望寄托在蔡振华、谢赛克等年轻队员身上，而那些才 20 岁出头的绝对主力则退到二线，为蔡振华他们做陪练。

在 1981 年南斯拉夫的第三十六届世乒赛上，中国军团囊括了所有单项和团体的 7 个冠军，蔡振华与李振恃搭档获得男双冠军，另外他还获得混双以及男单亚军。说起当时的情景，蔡振华曾回忆说："那时候拿了世界冠军，也就是一张奖状，一朵红花。"

1983 年的第三十七届世乒赛上，蔡振华在比赛中再次获得男团冠军，以及男单亚军，混双第三。比赛结束后，瑞典邮政局发行了两枚世乒赛纪念邮票，22 岁的蔡振华成为了第一个在国外邮票上出现的中国运动员。

1985 年世乒赛，蔡振华与曹燕华搭档再次获得混双冠军，此外那一次他还和江嘉良一起获得男双冠军。蔡振华不在男团阵容内，而且失去了男单的参赛资格。这是蔡振华乒乓生涯中的最后一站，在那之后他选择退役，当时他才 24 岁。

退役后，蔡振华作为公派教练前往意大利，担任这支名不见经传的球队主教练。尽管语言不通，生活习俗差异甚大。但意气风发的蔡振华克服种种困难，一举将队伍成绩带至世乒赛团体第七。蔡振华在意大利的三年半时间里，将该国的乒乓球水平提升了很大一个档次，至今还被意大利乒乓球界称为乒乓教父。

1989年当国家队一声召唤，蔡振华毅然回到北京执教。当时，正值中国乒乓球队的低谷期，"世界乒坛霸主"的尊严受到了严峻的挑战。蔡振华积极配合主教练，抓好训练。两年后，他被国家男子乒乓球相中，出任主教练。这位年轻的教练开始带着中国队的小伙子走上了复兴之路。

在1992年的巴塞罗那奥运会上，蔡振华决定将男子双打作为突破口，夺冠重任就落在了王涛和吕林的肩上，他们果然不负众望，在决赛中战胜德国名将罗斯科夫/费茨纳尔获得冠军。这块奥运会金牌为中国男队的复苏吹响了号角。

1993年第四十二届世乒赛在哥德堡举行。男团比赛吸引了最多的关注，中国队与老冤家瑞典队在决赛中会师，最终心理压力过大的王浩没能顶住瓦尔德内尔的冲击败下阵来，中国队在这次比赛中再次与冠军无缘。站在亚军领奖台上的蔡振华教练心中不服，他对记者说："真恨不得把瑞典队从领奖台上拉下来再打一场。"

1995年，第四十三届世乒赛在天津拉开帷幕。这是继1961年北京主办第二十六届世乒赛以来在中国举行的第二届世乒赛。占尽天时地利人和的中国男队发誓要在家门口打一场漂亮的翻身仗。中国队以3:2战胜了瑞典队，再次捧得斯韦思林杯，并包揽了这次比赛的所有金牌。

1996年，中国乒乓球队出征亚特兰大奥运会再度将四枚金牌全部收入囊中，孔令辉、刘国梁等年轻小将的横空出世将中国乒乓球带入了偶像时代。

而这一切都与蔡振华的默默付出有很大的关系。1997年5月蔡振华出任中国乒乓球队总教练。在当年的第四十四届世乒赛，中国队在英国的曼彻斯特收获了除男单之外的6块金牌。2000年9月的悉尼奥运会小球时代的最后一次大赛，在这届奥运会上，中国乒乓球队再次包揽金牌，孔令辉在男单决赛中战胜瓦尔德内尔，成为世界乒坛第三位大满贯得主。当时蔡振华率领的中国队，包揽了4个单项冠军以及3个亚军和一个第三。

在 2001 年的世乒赛上，中国队再次包揽 7 项冠军。2002 年的男女世界杯冠军都被中国球员获得，2003 年的第四十七届世乒赛，中国队获得 4 个冠军。随后的 2003 年中国队继续将男女世界杯冠军继续留在我们自己人手中。2004 年雅典奥运会，中国队获得了除男单之外的 3 块乒乓球金牌。

蔡振华表现出来的领导才能得到了上级领导的重视。2007 年 4 月 4 日，国务院决定任命崔大林、蔡振华为国家体育总局副局长。

张德英

第三十五、三十六届世界乒乓球锦标赛女子双打冠军之一的张德英，曾为我国蝉联第三十四、三十五、三十六届世界锦标赛女子团体冠军做出了卓越的贡献。

张德英 10 岁学打乒乓球，1966 年她就作为上海队的主力，夺得了全国少年乒乓球比赛的女子团体冠军。然而，直到 1975 年，她才在国际乒坛上崭露头角。她的高抛抖动式发球和直拍快攻常使对手束手无策，穷予应付，受到了国际乒坛的高度评价。

张德英所以迟迟在国际乒坛"出头露面"，正如她自己所说。"一个人前进的道路，总是要经历曲折和坎坷的。"

1969 年，她被分配到黑龙江生产建设兵团，先后当过装卸工、烧炉工、炊事员、营业员、摄影员。1971 年才重握球拍，参加地区乒乓球赛，取得了女子单打冠军。翌年进入黑龙江省队。1975 年被选进国家队。虽然年龄大了些，但她发誓要将失去的时间夺回来。正因为她有卧薪尝胆，发愤图强的精神，所以理想才能变为现实，5 次登上了世界冠军的领奖台。

施拉格

　　维尔纳·施拉格尔常被称为施拉格，是奥地利的一名乒乓球运动员。施拉格的父亲和兄长都是奥国顶尖乒乓球运动员，施拉格 6 岁开始学习乒乓球。在参加多次单打和双打锦标赛后，他在 2003 年举行的第四十七届世界乒乓球锦标赛男单决赛中战胜韩国选手朱世赫获得冠军，并因此获选为"年度奥地利运动员"。

　　施拉格于 1972 年 9 月 28 日出生在距维也纳北部约 50 公里的小镇纽斯塔德特。5 岁时，他与哥哥一起在家乡的一家乒乓球俱乐部学打乒乓球，后一边训练一边读书，18 岁时于计算机技术学校毕业后入伍，成为军队体育俱乐部的一名成员。

　　施拉格是属于大器晚成的选手，尽管他曾经也在欧洲取得一些不错的成绩，但却一直被人们归为二流选手。1999 年四十五届世乒赛，已经 27 岁的施拉格杀进男单四强，最终在半决赛中不敌刘国梁获得男单季军，并在双打比赛中进入前八名。

　　同年世界杯，施拉格接连战胜了萨姆索诺夫、孔令辉和瓦尔德内尔，又在半决赛击败了佩尔森，最终获得男单亚军。

　　2000 年悉尼奥运会，施拉格单双打分别进入八强，创造了奥地利乒乓球历史上的最好成绩。次年大阪世乒赛，施拉格在男单八分之一决赛 1：3 负于刘国正，遗憾止步，和金德拉克的双打也负于香港选手李静和高礼泽，没能进入前八名。

　　2003 年，施拉格迎来了职业生涯的最巅峰时期，四十七届世乒赛中，他在四分之一决赛战胜了卫冕冠军王励勤，半决赛又击败了孔令辉，并在决赛中战胜了韩国削球手朱世赫，获得男单冠军，这也是至今为止欧洲选手最后一次染指世乒赛男单冠军。

　　施拉格的发球出色，他的正手半高抛发球，多以发转不转球为主，结合逆向旋转的侧上下旋，变化多，动作一致性好。同其他横板高手发球多以不出台球为主的发球套路不同，施拉格更喜欢发半出台的长球，伺机进行高质量的反拉或反带直线回击。施拉格的正手弧圈球旋转强烈，上手命中率高，在中台相持时，施拉格的反拉能力出色，被动的防守时，施拉格有一板远台正手削球，在比赛中往往会收到意想不到的效果。施拉格反手位弧圈球旋转强、发力好、反手直线威胁大，而且能拉一板极转且靠近底线的高吊弧圈球，令对手非常不适应，在反手位的相持过程中，施拉格除了用弧圈球回击外，抓住机会的情况下也用抽击回球，突然改变回球的旋转和节奏。

2004年卡塔尔世乒赛，他在男团小组赛先战胜了马琳，又和王励勤苦战五局方才告负。之后，由于伤病困扰，长期缺乏系统性训练，施拉格的状态逐渐下滑，2005年上海世乒赛，施拉格意外负于西班牙老将何志文，无缘卫冕。2008年奥运会，施拉格在单打中负于王励勤，无缘八强。

2012年，伦敦奥运会乒乓球男单第三轮的比赛中，奥地利老将施拉格1：4输给了中国选手王皓，失去晋级下一轮机会。

PART 13 历史记录

世界乒乓球锦标赛历届冠军

【第一届】

地点：英国伦敦（1926年12月6日—12月12日）

男子团体冠军：匈牙利

女子团体冠军：注：当时无此项

男子单打冠军：R·雅可比（匈牙利）

女子单打冠军：M·梅德扬斯基（匈牙利）

男子双打冠军：R·雅可比/D·佩西（匈牙利）

女子双打冠军：注：当时无此项

混合双打冠军：Z·梅什洛维茨/M·梅德扬斯基（匈牙利）

【第二届】

地点：瑞典斯德哥尔摩（1928年1月25日—1月29日）

男子团体冠军：匈牙利

女子团体冠军：注：当时无此项

男子单打冠军：M·梅什洛维茨（匈牙利）

女子单打冠军：M·梅德扬斯基（匈牙利）

男子双打冠军：A·李布斯特/R·图姆（奥地利）

女子双打冠军：M·梅德扬斯基（匈牙利）/F·弗拉姆（奥地利）

混合双打冠军：Z·梅什洛维茨/M·梅德扬斯基（匈牙利）

【第三届】

地点：匈牙利布达佩斯（1929年1月14日—1月21日）
男子团体冠军：匈牙利
女子团体冠军：注：当时无此项
男子单打冠军：F·J·佩里（英国）
女子单打冠军：M·梅德扬斯基（匈牙利）
男子双打冠军：G·V·巴纳/M·斯扎巴多斯（匈牙利）
女子双打冠军：E·梅茨格/E·鲁斯托（德国）
混合双打冠军：I·克伦/A·西普斯（匈牙利）

【第四届】

地点：德国柏林（1930年1月21日—1月26日）
男子团体冠军：匈牙利
女子团体冠军：注：当时无此项
男子单打冠军：G·V·巴纳（匈牙利）
女子单打冠军：M·梅德扬斯基（匈牙利）
男子双打冠军：G·V·巴纳/M·斯扎巴多斯（匈牙利）
女子双打冠军：M·梅德扬斯基/A·西普斯（匈牙利）
混合双打冠军：M·斯扎巴多斯/M·梅德扬斯基（匈牙利）

【第五届】

地点：匈牙利布达佩斯（1931年2月10日—2月15日）
男子团体冠军：匈牙利
女子团体冠军：注：当时无此项
男子单打冠军：M·斯扎巴多斯（匈牙利）
女子单打冠军：M·梅德扬斯基（匈牙利）
男子双打冠军：G·V·巴纳/M·斯扎巴多斯（匈牙利）
女子双打冠军：M·梅德扬斯基/A·西普斯（匈牙利）

混合双打冠军：M·斯扎巴多斯/M·梅德扬斯基（匈牙利）

【第六届】

地点：捷克布拉格（1932年1月25日—1月30日）

男子团体冠军：捷克

女子团体冠军：注：当时无此项

男子单打冠军：G·V·巴纳（匈牙利）

女子单打冠军：A·西普斯（匈牙利）

男子双打冠军：G·V·巴纳/M·斯扎巴多斯（匈牙利）

女子双打冠军：M·梅德扬斯基/A·西普斯（匈牙利）

混合双打冠军：G·V·巴纳/A·西普斯（匈牙利）

【第七届】

地点：奥地利巴登（1933年1月31日—2月5日）

男子团体冠军：匈牙利

女子团体冠军：注：当时无此项

男子单打冠军：G·V·巴纳（匈牙利）

女子单打冠军：A·西普斯（匈牙利）

男子双打冠军：G·V·巴纳/S·格兰兹（匈牙利）

女子双打冠军：M·梅德扬斯基/A·西普斯（匈牙利）

混合双打冠军：I·克伦/M·梅德扬斯基（匈牙利）

【第八届】

地点：法国巴黎（1934年12月2日—12月10日）

男子团体冠军：匈牙利

女子团体冠军：德国

男子单打冠军：G·V·巴纳（匈牙利）

女子单打冠军：M·凯特纳罗娃（捷克）

男子双打冠军：G·V·巴纳/M·斯扎巴多斯（匈牙利）

女子双打冠军：M·梅德扬斯基/A·西普斯（匈牙利）

混合双打冠军：M·斯扎巴多斯/M·梅德扬斯基（匈牙利）

【第九届】

地点：英国温布利（1935年2月8日—2月10日）
男子团体冠军：匈牙利
女子团体冠军：捷克
男子单打冠军：G·V·巴纳（匈牙利）
女子单打冠军：M·凯特纳罗娃（捷克）
男子双打冠军：G·V·巴纳/M·斯扎巴多斯（匈牙利）
女子双打冠军：M·梅德扬斯基/A·西普斯（匈牙利）
混合双打冠军：G·V·巴纳/A·西普斯（匈牙利）

【第十届】

地点：捷克布拉格（1936年3月12日—3月18日）
男子团体冠军：奥地利
女子团体冠军：捷克
男子单打冠军：S·科拉尔（捷克）
女子单打冠军：R·H·阿隆斯（美国）
男子双打冠军：R·G·布拉特纳/J·H·麦克卢尔（美国）
女子双打冠军：M·凯特纳罗娃/A·斯米多娃（捷克）
混合双打冠军：M·哈姆尔/C·克列纳娃（捷克）

【第十一届】

地点：奥地利巴登（1937年2月1日—2月7日）
男子团体冠军：美国
女子团体冠军：美国
男子单打冠军：R·伯格曼（英国）
女子单打冠军：未宣布
男子双打冠军：R·G·布拉特纳/J·H·麦克卢尔（美国）
女子双打冠军：V·德佩特里索娃/V·沃特鲁布科娃（捷克）

混合双打冠军：B·瓦纳/V·沃特鲁布科娃（捷克）

【第十二届】

地点：英国温布利（1938 年 1 月 24 日—1 月 29 日）

男子团体冠军：匈牙利

女子团体冠军：捷克

男子单打冠军：B·瓦纳（捷克）

女子单打冠军：G·普里希（奥地利）

男子双打冠军：J·H·麦克卢尔/S.·希夫（美国）

女子双打冠军：V·德佩特里索娃/V·沃特鲁布科娃（捷克）

混合双打冠军：L·贝拉克（匈牙利）/W·伍德海德（英国）

【第十三届】

地点：埃及开罗（1939 年 3 月 6 日—3 月 11 日）

男子团体冠军：捷克

女子团体冠军：德国

男子单打冠军：R·伯格曼（英国）

女子单打冠军：V·德佩特里索娃（捷克）

男子双打冠军：G·V·巴纳（匈牙利）/R·伯格曼（英国）

女子双打冠军：G·布斯曼/G·普里希（德国）

混合双打冠军：B·瓦纳/V·沃特鲁布科娃（捷克）

【第十四届】

地点：法国巴黎（1947 年 2 月 28 日—3 月 7 日）

男子团体冠军：捷克

女子团体冠军：英国

男子单打冠军：B·瓦纳（捷克）

女子单打冠军：G·法卡斯（匈牙利）

男子双打冠军：A·斯拉尔/B·瓦纳（捷克）

女子双打冠军：G·法卡斯（匈牙利）/G·普里希（奥地利）

混合双打冠军：F·苏斯/G·法卡斯（匈牙利）

【第十五届】

地点：英国温布利（1948 年 2 月 4 日—2 月 11 日）

男子团体冠军：捷克

女子团体冠军：英国

男子单打冠军：R·伯格曼（英国）

女子单打冠军：G·法卡斯（匈牙利）

男子双打冠军：L·斯蒂佩克/B·瓦纳（捷克）

女子双打冠军：M·弗兰克斯/V·S·托马斯（英国）

混合双打冠军：R·迈尔斯/T·索耳（美国）

【第十六届】

地点：瑞典斯德哥尔摩（1949 年 2 月 4 日—2 月 10 日）

男子团体冠军：匈牙利

女子团体冠军：美国

男子单打冠军：J·李奇（英国）

女子单打冠军：G·法卡斯（匈牙利）

男子双打冠军：L·安德里亚迪斯/F·托卡尔（捷克）

女子双打冠军：H·埃利奥特（苏格兰）/G·法卡斯（匈牙利）

混合双打冠军：F·西多/G·法卡斯（匈牙利）

【第十七届】

地点：匈牙利布达佩斯（1950 年 1 月 29 日—2 月 5 日）

男子团体冠军：捷克

女子团体冠军：罗马尼亚

男子单打冠军：R·伯格曼（英国）

女子单打冠军：A·罗齐亚努（罗马尼亚）

男子双打冠军：F·西多/F·苏斯（匈牙利）

女子双打冠军：D·博勒奇（英国）/H·埃利奥特（苏格兰）

混合双打冠军：F·西多/G·法卡斯（匈牙利）

【第十八届】

地点：奥地利维也纳（1951年3月2日—3月11日）
男子团体冠军：捷克
女子团体冠军：罗马尼亚
男子单打冠军：J·李奇（英国）
女子单打冠军：A·罗齐亚努（罗马尼亚）
男子双打冠军：L·安德里亚迪斯/B·瓦纳（捷克）
女子双打冠军：R·戴安尼/R·罗萨林（英国）
混合双打冠军：B·瓦纳（捷克）/A·罗齐亚努（罗马尼亚）

【第十九届】

地点：印度孟买（1952年2月1日—2月10日）
男子团体冠军：匈牙利
女子团体冠军：日本
男子单打冠军：佐藤博治（日本）
女子单打冠军：A·罗齐亚努（罗马尼亚）
男子双打冠军：藤井则和/林忠明（日本）
女子双打冠军：西村登美江/博原静司（日本）
混合双打冠军：F·西多（匈牙利）/A·罗齐亚努（罗马尼亚）

【第二十届】

地点：克罗地亚布加勒斯特（1953年3月20日—3月29日）
男子团体冠军：英国
女子团体冠军：罗马尼亚
男子单打冠军：F·西多（匈牙利）
女子单打冠军：A·罗齐亚努（罗马尼亚）
男子双打冠军：F·西多/J·高基安（匈牙利）
女子双打冠军：G.·卡斯（匈牙利）/A·罗齐亚努（罗马尼亚）

混合双打冠军：F·西多（匈牙利）/A·罗齐亚努（罗马尼亚）

【第二十一届】

地点：英国温布利（1954年4月5日—4月14日）

男子团体冠军：日本

女子团体冠军：日本

男子单打冠军：荻村伊智朗（日本）

女子单打冠军：A·罗齐亚努（罗马尼亚）

男子双打冠军：Z·杜利纳/V·哈兰戈佐（南斯拉夫）

女子双打冠军：R·戴安尼/R·罗萨林（英国）

混合双打冠军：L·安德里亚迪斯（捷克）/G·法卡斯（匈牙利）

【第二十二届】

地点：荷兰乌得勒支（1955年4月16日—4月24日）

男子团体冠军：日本

女子团体冠军：罗马尼亚

男子单打冠军：田中利明（日本）

女子单打冠军：A·罗齐亚努（罗马尼亚）

男子双打冠军：L·安德里亚迪斯/B·斯蒂佩克（捷克）

女子双打冠军：A·罗齐亚努/E·泽勒尔（罗马尼亚）

混合双打冠军：K·塞佩希/E·高基安（匈牙利）

【第二十三届】

地点：日本东京（1956年4月2日—4月11日）

男子团体冠军：日本

女子团体冠军：罗马尼亚

男子单打冠军：荻村伊智朗（日本）

女子单打冠军：大川富（日本）

男子双打冠军：荻村伊智朗/富田芳雄（日本）

女子双打冠军：A·罗齐亚努/E·泽勒尔（罗马尼亚）

混合双打冠军：E·克莱因/L·纽伯格（美国）

【第二十四届】

地点：瑞典斯德哥尔摩（1957年3月7日—3月15日）

男子团体冠军：日本

女子团体冠军：日本

男子单打冠军：田中利明（日本）

女子单打冠军：江口富士枝（日本）

男子双打冠军：L·安德里亚迪斯/B·斯蒂佩克（捷克）

女子双打冠军：L·莫沙奇（匈牙利）/A·西蒙（捷克）

混合双打冠军：荻村伊智朗/江口富士枝（日本）

【第二十五届】

地点：德国多特蒙德（1959年3月20日—3月29日）

男子团体冠军：日本

女子团体冠军：日本

男子单打冠军：容国团（中国）

女子单打冠军：松崎君代（日本）

男子双打冠军：荻村伊智朗/村上辉夫（日本）

女子双打冠军：难波多惠子/山泉和子（日本）

混合双打冠军：荻村伊智朗/江口富士枝（日本）

【第二十六届】

地点：中国北京（1961年4月5日—4月14日）

男子团体冠军：中国

女子团体冠军：日本

男子单打冠军：庄则栋（中国）

女子单打冠军：邱钟惠（中国）

男子双打冠军：星野展弥/木村兴治（日本）

女子双打冠军：亚历山德鲁/皮蒂卡（罗马尼亚）

混合双打冠军：荻村伊智朗/松崎君代（日本）

【第二十七届】

地点：捷克布拉格（1963 年 4 月 5 日—4 月 14 日）

男子团体冠军：中国

女子团体冠军：日本

男子单打冠军：庄则栋（中国）

女子单打冠军：松崎君代（日本）

男子双打冠军：张燮林/王志良（中国）

女子双打冠军：松崎君代/关正子（日本）

混合双打冠军：木村兴治/伊藤和子（日本）

【第二十八届】

地点：南斯拉夫卢布尔雅那（1965 年 4 月 15 日—4 月 25 日）

男子团体冠军：中国

女子团体冠军：中国

男子单打冠军：庄则栋（中国）

女子单打冠军：深津尚子（日本）

男子双打冠军：庄则栋/徐寅生（中国）

女子双打冠军：林惠卿/郑敏之（中国）

混合双打冠军：木村兴治/关正子（日本）

【第二十九届】

地点：瑞典斯德哥尔摩（1967 年 4 月 11 日—4 月 21 日）

男子团体冠军：日本

女子团体冠军：日本

男子单打冠军：长谷川信彦（日本）

女子单打冠军：森泽幸子（日本）

男子双打冠军：H·阿尔塞/K·约翰森（瑞典）

女子双打冠军：广田佐枝子/森泽幸子（日本）

混合双打冠军：长谷川信彦/山中教子（日本）

【第三十届】

地点：德国慕尼黑（1969 年 4 月 17 日—4 月 27 日）

男子团体冠军：日本

女子团体冠军：苏联

男子单打冠军：伊藤繁雄（日本）

女子单打冠军：小和田敏子（日本）

男子双打冠军：H·阿尔塞/K·约翰森（瑞典）

女子双打冠军：S·格林伯格/Z·鲁德诺娃（苏联）

混合双打冠军：长谷川信彦/今野安子（日本）

【第三十一届】

地点：日本名古屋（1971 年 3 月 28 日—4 月 7 日）

男子团体冠军：中国

女子团体冠军：日本

男子单打冠军：S·本格森（瑞典）

女子单打冠军：林惠卿（中国）

男子双打冠军：T·克兰帕尔/J·约尼尔（匈牙利）

女子双打冠军：林惠卿/郑敏之（中国）

混合双打冠军：张燮林/林惠卿（中国）

【第三十二届】

地点：南斯拉夫萨拉热窝（1973 年 4 月 5 日—4 月 15 日）

男子团体冠军：瑞典

女子团体冠军：韩国

男子单打冠军：郗恩庭（中国）

女子单打冠军：胡玉兰（中国）

男子双打冠军：S·本格森/K·约翰森（瑞典）

女子双打冠军：亚历山鲁德（罗马尼亚）/滨田美德（日本）

混合双打冠军：梁戈亮/李莉（中国）

【第三十三届】

地点：印度加尔各达（1976 年 2 月 6 日—2 月 16 日）

男子团体冠军：中国

女子团体冠军：中国

男子单打冠军：J·约尼尔（匈牙利）

女子单打冠军：朴英顺（朝鲜）

男子双打冠军：J·约尼尔/G·盖尔盖伊（匈牙利）

女子双打冠军：亚历山鲁德（罗马尼亚）/高桥省子（日本）

混合双打冠军：戈莫兹科夫/费尔德曼（苏联）

【第三十四届】

地点：英国伯明翰（1977 年 3 月 26 日—4 月 5 日）

男子团体冠军：中国

女子团体冠军：中国

男子单打冠军：河野满（日本）

女子单打冠军：朴英顺（朝鲜）

男子双打冠军：梁戈亮/李振恃（中国）

女子双打冠军：朴英玉（朝鲜）/杨莹（中国）

混合双打冠军：塞克雷坦/贝尔热雷（法国）

【第三十五届】

地点：朝鲜平壤（1979 年 4 月 25 日—5 月 6 日）

男子团体冠军：匈牙利

女子团体冠军：中国

男子单打冠军：小野诚治（日本）

女子单打冠军：葛新爱（中国）

男子双打冠军：D·舒尔贝克/A·斯蒂潘契奇（南斯拉夫）

女子双打冠军：张立/张德英（中国）

混合双打冠军：梁戈亮/葛新爱（中国）

【第三十六届】

地点：南斯拉夫诺维萨德（1981 年 4 月 14 日—4 月 26 日）

男子团体冠军：中国

女子团体冠军：中国

男子单打冠军：郭跃华（中国）

女子单打冠军：童玲（中国）

男子双打冠军：李振恃/蔡振华（中国）

女子双打冠军：张德英/曹燕华（中国）

混合双打冠军：谢赛克/黄俊群（中国）

【第三十七届】

地点：日本东京（1983 年 4 月 28 日—5 月 9 日）

男子团体冠军：中国

女子团体冠军：中国

男子单打冠军：郭跃华（中国）

女子单打冠军：曹燕华（中国）

男子双打冠军：D·舒尔贝克/卡列尼茨（南斯拉夫）

女子双打冠军：戴丽丽/沈剑萍（中国）

混合双打冠军：郭跃华/倪夏莲（中国）

【第三十八届】

地点：瑞典哥德堡（1985 年 3 月 28 日—4 月 7 日）

男子团体冠军：中国

女子团体冠军：中国

男子单打冠军：江嘉良（中国）

女子单打冠军：曹燕华（中国）

男子双打冠军：阿佩依伦/U·卡尔松（瑞典）

女子双打冠军：戴丽丽/耿丽娟（中国）

混合双打冠军：蔡振华/曹燕华（中国）

【第三十九届】

地点：印度新德里（1987年2月6日—2月16日）

男子团体冠军：中国

女子团体冠军：中国

男子单打冠军：江嘉良（中国）

女子单打冠军：何智丽（中国）

男子双打冠军：陈龙灿/韦晴光（中国）

女子双打冠军：梁英子/玄静和（韩国）

混合双打冠军：惠钧/耿丽娟（中国）

【第四十届】

地点：德国多特蒙德（1989年3月29日—4月9日）

男子团体冠军：瑞典

女子团体冠军：中国

男子单打冠军：瓦尔德内尔（瑞典）

女子单打冠军：乔红（中国）

男子双打冠军：罗斯科普夫/费兹纳尔（德国）

女子双打冠军：乔红/邓亚萍（中国）

混合双打冠军：刘南奎/玄静和（韩国）

【第四十一届】

地点：日本千叶（1991年4月24日—5月6日）

男子团体冠军：瑞典

女子团体冠军：朝鲜联队

男子单打冠军：佩尔森（瑞典）

女子单打冠军：邓亚萍（中国）

男子双打冠军：P·卡尔松/冯舍（瑞典）

女子双打冠军：陈子荷/高军（中国）

混合双打冠军：王涛/刘伟（中国）

【第四十二届】

地点：瑞典哥德堡（1993年5月11日—5月23日）

男子团体冠军：瑞典

女子团体冠军：中国

男子单打冠军：盖亭（法国）

女子单打冠军：玄静和（韩国）

男子双打冠军：王涛/吕林（中国）

女子双打冠军：刘伟/乔云萍（中国）

混合双打冠军：王涛/刘伟（中国）

【第四十三届】

地点：中国天津（1995年5月1日—5月14日）

男子团体冠军：中国

女子团体冠军：中国

男子单打冠军：孔令辉（中国）

女子单打冠军：邓亚萍（中国）

男子双打冠军：王涛/吕林（中国）

女子双打冠军：邓亚萍/乔红（中国）

混合双打冠军：王涛/刘伟（中国）

【第四十四届】

地点：英国曼彻斯特（1997年4月24日—5月5日）

男子团体冠军：中国

女子团体冠军：中国

男子单打冠军：瓦尔德内尔（瑞典）

女子单打冠军：邓亚萍（中国）

男子双打冠军：孔令辉/刘国梁（中国）

女子双打冠军：邓亚萍/杨影（中国）

混合双打冠军：刘国梁/邬娜（中国）

【第四十五届】

地点：荷兰埃因霍温（单项 1999 年 8 月 2 日—8 月 8 日）

男子团体冠军：瑞典

女子团体冠军：中国

男子单打冠军：刘国梁（中国）

女子单打冠军：王楠（中国）

男子双打冠军：孔令辉/刘国梁（中国）

女子双打冠军：王楠/李菊（中国）

混合双打冠军：马琳/张莹莹（中国）

【第四十六届】

地点：日本大阪（2001 年 4 月 23 日—5 月 6 日）

男子团体冠军：中国

女子团体冠军：中国

男子单打冠军：王励勤（中国）

女子单打冠军：王楠（中国）

男子双打冠军：王励勤/阎森（中国）

女子双打冠军：王楠/李菊（中国）

混合双打冠军：秦志戬/杨影（中国）

【第四十七届】

地点：法国巴黎（单项 2003 年 5 月 20 日—5 月 26 日）

男子团体冠军：中国

女子团体冠军：中国

男子单打冠军：施拉格（奥地利）

女子单打冠军：王楠（中国）

男子双打冠军：王励勤/阎森（中国）

女子双打冠军：王楠/张怡宁（中国）

混合双打冠军：王楠/马琳（中国）

【第四十八届】

地点：中国上海（单项 2005 月 4 月 30 日—5 月 6 日）地点：德国不来梅（团体 2006 年 4 月 24 日—5 月 1 日）

男子团体冠军：中国

女子团体冠军：中国

男子单打冠军：王励勤（中国）

女子单打冠军：张怡宁（中国）

男子双打冠军：孔令晖/王皓（中国）

女子双打冠军：王楠/张怡宁（中国）

混合双打冠军：王励勤/郭跃（中国）

【第四十九届】

地点：克罗地亚萨格勒布（单项 2007）地点：中国广州（团体 2008）

男子团体冠军：中国

女子团体冠军：中国

男子单打冠军：王励勤（中国）

女子单打冠军：郭跃（中国）

男子双打冠军：马琳/陈玘（中国）

女子双打冠军：王楠/张怡宁（中国）

混合双打冠军：王励勤/郭跃（中国）

【第五十届】

地点：日本横滨（单项 2009 年 4 月 28 日—5 月 5 日）地点：俄罗斯莫斯科（团体 2010 年 5 月 23 日—5 月 30 日）

男子团体冠军：中国

女子团体冠军：新加坡

男子单打冠军：王皓（中国）

女子单打冠军：张怡宁（中国）

男子双打冠军：陈玘/王皓（中国）

女子双打冠军：郭跃/李晓霞（中国）

混合双打冠军：李平/曹臻（中国）

【第五十一届】

地点：荷兰鹿特丹（单项 2011 年 5 月 8 日—5 月 15 日）地点：德国多特蒙德（团体 2012 年 3 月 25 日—4 月 1 日）

男子团体冠军：中国

女子团体冠军：中国

男子单打冠军：张继科（中国）

女子单打冠军：丁宁（中国）

男子双打冠军：马龙/许昕（中国）

女子双打冠军：郭跃/李晓霞（中国）

混合双打冠军：张超/曹臻（中国）

【第五十二届】

地点：法国巴黎（单项 2013 年 5 月 13 日—5 月 20 日）

男子团体冠军：（比赛未开始）

女子团体冠军：（比赛未开始）

男子单打冠军：张继科（中国）

女子单打冠军：李晓霞（中国）

男子双打冠军：陈建安/庄智渊（中华台北）

女子双打冠军：郭跃/李晓霞（中国）

混合双打冠军：金仲/金赫峰（朝鲜）